金哲彦のマラソン練習法がわかる本

金哲彦

実業之日本社

プロローグ
トレーニングメニューのつくり方

最近、東京のそこかしこで、走っている人の姿をみかけるようになった。箱根駅伝や実業団の選手ではない。いわゆる、市民ランナーといわれる人たちだ。もちろん、これまでもランナーはかなり存在した。しかし、その多くはランニングの聖地といわれる、皇居周辺、駒沢公園、代々木公園、神宮外苑、砧《きぬた》公園など、一部の限られた場所に集中していたと思う。

しかし、ここ数年の傾向は少し違う。まさに「ところかまわず、街のいたるところで走っている」感じなのである。オフィス街、ショッピング街、国道沿い、観光地など、ランナーの行動（もちろんランニングだ）範囲は、大きく広がってきている。

ここ数年のランニングブームにのって走りはじめた初心者は、走ることに関する予備知識が全くない人が多い。だから、走る場所にもあまりこだわらないのかもしれない。

「こうするべきだ」という既成概念がなければ、走り方も走る場所も自由だ。偉大なる素人は、怖いもの知らず。そして、神出鬼没《しんしゅつきぼつ》なのである。

また、ランナーの絶対数が増えた影響で、皇居周辺など「ランニングの聖地」といわれる場所では、交通渋滞ならぬ「ランナー渋滞」がおきているという話も聞く。

日本人は、もともとテレビでマラソンや駅伝など、感動的なドラマがあるスポーツ番組を観るのを好む国民だと思う。しかし、走ることに関しては、自分が走るのは苦手で、好きかと聞かれれば、どちらかといえば嫌いな運動ではなかっただろうか？

走ることが嫌いだった人が走りだすには、それなりの理由がある。それは、大きくフィジカル面とメンタル面のふたつに分かれると思う。

まずフィジカル面では、ダイエットやメタボリック対策という、現代人にとって根深く切実な理由だ。そして、メンタル面では、仕事や人間関係でたまったストレスの解消。たとえば、未婚の女性が30歳を超える前にホノルルマラソンにチャレンジするなど、人生の転機に走ることを選ぶ人が多い。

ダイエット、メタボ対策、ストレス解消、人生の転機。おそらく、すべての人がいずれかにあてはまるように思える。ちょっと大げさだが「一億総ランナー」の時代が到来するかもしれないと、つい想像してしまう。


これまで、初心者のマラソンブームを牽引してきたのは、まぎれもなく毎年12月にハワイで開催される「ホノルルマラソン」だ。

ホノルルマラソンは30年以上の歴史を誇る、アメリカ国内でも〝老舗《しにせ》〟に数えられるマラソンレースのひとつ。ところが現在では、全出場者約3万人のうち、日本人が占める割合が半数を超えるようになった。日本人がワイキキビーチを占拠するのは、決して珍しいことではないが、ホノルルマラソンの期間中はそれが顕著《けんちょ》になる。近頃では、ホノルルマラソンツアーの予約キャンセル待ちが数百人というのも、珍しいことではなくなった。

そして、そんなマラソンブームの火をさらにたき付けたのは、言うまでもなく「東京マラソン」だ。

2007年2月、それまで100人程度のエリートランナーだけで行われていた大会が衣替えをし、市民ランナーに門戸を開き、第1回大会が開催された。現在でもその人気は上昇中である。

第1回大会から9万人近い人が参加を希望し、第2回大会では、応募総数がなんと約15万人。そして、2009年開催の第3回大会ではその数が約26万人に達した。概して日本人は流行に敏感で新しいもの好きだが、やや度を超した人気ぶりかもしれない。

人気の要因はさまざまだ。ひとつはマスメディアが「東京マラソン」を盛んに取り上げたこと。人気タレントや女子アナウンサーが走ったという話題性などの影響も大きい。

しかし、それだけではない。メディアを通さず、東京マラソンに接した人々も、大きな魅力を感じるようになったのだ。

東京マラソンのレース当日、実際に銀座のど真ん中で3万人のランナーを見たり、あるいは皇居前で知り合いのランナーを応援した人の多くは、老若男女、さまざまな人が走るマラソンというものに素直に感動し、大いに刺激を受けたのだと思う。

また、職場など身近な人から、実際に走った体験談を聞き、「いつかは自分もチャレンジしてみたい」という衝動にかられたことも容易に想像できる。誰がどう考えても、東京のど真ん中で、しかも普段は走れない車道を、堂々と自分の脚で走るのは気持ちいいことなのだ。


ホノルルマラソンと東京マラソン。開催時期や完走リミット時間（ホノルルは制限時間なし、東京は7時間）は違うが、出場者数などは似ている。一方で、ある部分が全く異なっている。それは、どの時間帯の完走者数が最も多いかという、いわゆる完走者のボリュームゾーンだ。

ずばり、ホノルルは6時間台だが、東京は4時間台である。この2時間の差はかなり大きい。

このタイム差の要因はなんだろうか？

まず考えられるのは天候だ。ホノルルは、暑い場所でのレースなのでその分タイムは遅くなる。そして、もうひとつの大きな要因は、ホノルルマラソンには制限時間がないことだ。

「特にトレーニングをしなくても、最初から最後まで歩いてもなんとか完走できるだろう」と、気楽に参加している人が実に多い。実際、毎年私がツアーで開催しているセミナーの参加者の8割くらいが初マラソン組で、そのなかの1割くらいの人が、レースまで全くトレーニングをしていない怖いもの知らずの人たちだ。

一方、東京マラソンは、7時間といえどもタイムリミットがある。そして、国内で開催されるということは、当然応援もたくさん来る。

家族や知り合いが応援してくれているなかで、「颯爽《さっそう》と格好よく走りたい」と思うのは当然だろう。「格好よく走る」ために、なにかしらのトレーニングを積んでレースに臨んでいる人数が、ホノルルマラソンより東京マラソンのほうが圧倒的に多い、ということなのだと思う。

ところで、市民ランナーの人たちは、どうやってトレーニングに取り組んでいるのだろうか？

最近、ランニング関係の本の出版がとても増えた（かくいう私も著者のひとりだが）。研究熱心な人は、それらの本を読み、走り方やトレーニング法などを研究している。また、専任コーチがいるランニングクラブも増えてきたので、クラブに入会してトレーニング方法を学んでいるランナーも多いだろう。しかし、市民ランナーの大部分は、自己流でやっていると思う。

もちろん、そんな自己流で成功する人もいるが、失敗するケースが多いのも否めない。マラソントレーニングの話題がでるとき、よく耳にするのが「月間走行距離」という指標だ。月間走行距離とは、1カ月にトータルで何km走ったかという総距離数のこと。100kmに満たない人もいれば、市民ランナーでも500km近く走る立派なアスリートもいる。ちなみに、オリンピックのマラソン選手たちは月に1000km以上は当たり前。箱根駅伝の選手たちでも700km以上は走っている。

市民ランナーで、サブ3《スリー》（フルマラソンで3時間をきるタイムで走ること）ランナーなど、一部の速い人たちの月間走行距離は当然多い。だいたい300㎞以上だと思う。ところが、フルマラソンを4時間、5時間、6時間で走るランナーたちの月間走行距離はバラバラである。

月間100㎞走る人が4時間ちょっとで走れるのに、200㎞走る人が5時間かかってしまうことがよくある。もちろん、その理由は、肉体的素養の差、レースでのペース配分、体調なども影響している。しかし、ひとつ忘れてはならないことがある。それは、走った距離が同じでも、トレーニングの中身と組み合わせによって、結果が大きく違ってくるということだ。

一流ランナーたちは、毎日「練習日誌」をしっかりつけていて、日夜「練習メニュー」を研究している。月間走行距離より、むしろ練習メニューの中身についてとても気を遣っているといっても過言ではない。それは、いくらたくさん走ったとしても、狙ったレース本番で100%の力を発揮できなければ、レースに勝つことができないからだ。つまり、ただ漠然と距離を走る努力をするだけではダメで、頭をフル活用して自分の身体を最高の状態につくり上げる道案内が、トレーニングメニューなのだ。

アテネオリンピックの金メダリスト野口みずき選手の座右の銘は「走った距離は裏切らない」だ。ただし、野口選手もただ漠然と長い距離を走っているのではなく、綿密に考えられたメニューを消化した結果、それだけの走行距離に達しているのだ。

一流ランナーのトレーニングメニューは、あまり公開されることはない。それは、トレーニングメニューそのものが〝企業秘密〟とされているからだ。たとえるならば、一流レストランの〝極秘レシピ〟のようなものである。

実はこれまで、市民ランナー向けの練習メニューについて詳しく書かれた本はなかった。正しくトレーニングを行っていれば、もっと楽に、ケガも少なく、むやみやたらに努力をすることなくマラソンを走れる人はたくさんいるはずなのに……。

ランニング雑誌の企画で、練習メニューを掲載することは多い。しかし、そのほとんどは、カレンダーのマスを埋めただけのもの。どのような考え方で、そのメニューがつくられているのかにはあまり言及されていない。

当然である。メニューをきちんと説明するには、本書くらいのボリュームがどうしても必要になる。そして、トレーニングメニューのつくり方と基本となる理論がわかれば、自分なりのアレンジもできるようになる。

一流シェフの料理教室に参加すれば、家庭で一流レストランの味を楽しむことができるのと同じように、本書を最後まで読み、マラソントレーニングというものが理解できれば、あなたも一流ランナーの気持ちでトレーニングに取り組んで、自信をもってレースのスタートラインに立てるのだ。

目次

第2章

トレーニングの基礎知識

構成　中村聡宏
装丁　小島正継（graff）
装画　岡本倫幸
帯写真　フォート・キシモト

第1章
フルマラソンを完走する魅力

マラソンに秘められた大いなる魅力とは？

「なぜ自分は、好き好んでこんなに苦しいことをやっているのだろう？」

フルマラソンのレース途中で、ふとそう考えたことのあるランナーは多いと思う。

確かに、誰かに強制されてレースを走っているわけではない。仕事として仕方なくやっているわけでもない。むしろ、こんなに苦しいことを強制されても、断固拒否するのが普通だ。

明らかに、自ら進んでスタートラインに立っているのだ。

よくこんなケースがある。全くランニング経験のない人が、こともあろうに熱心なランナーに向かって、「カネと時間をかけてまで、あんなに苦しいことをする気持ちが理解できない」と暴言を放つのだ。

「海外レースのたびに申請する有給休暇、よく買い替えるランニングシューズとウエア……。確かにカネと時間をかけてるな〜」

しかし、こんな苦言を呈されても、ランナーはそれほど反論する気持ちにはならないはず。むしろ、ひそかにほくそ笑みながら、「走ることの楽しみを知らないなんて、なんてもったいない人生なんだろう！」と、心の中で同情さえしているのではないだろうか。

ただし、マラソンを趣味にしている人は、決してマラソンを楽なことだなんて考えていない。楽なことではないが、マラソンに大いなる〝魅力〟があるから日夜走っているのだ。

マラソンを走る魅力は、人それぞれ違うだろう。

Aさんのように、あれほどまでに苦労したダイエットを、難なく実現できたことに、まるで魔法にかかったような魅力を感じる人もいるだろう。Bさんのように、走ったあとの食事やお酒のおいしさに、人生が何倍も得したような楽しみを感じている人もいる。

人によって千差万別ある魅力のなかで、マラソンを走ったすべての人が共通して感じる気持ちがある。それは、ゴールに到達したときに得られる「達成感」だ。

達成感とは、ひとことでは表現しにくいが、なんとも心地のいい、人間にとって欠かせない〝気持ち〟のひとつである。

たとえば、新商品の開発など目に見えるなにかを作りあげたときに達成感を得ることができる。それが、他の誰もが成し遂げていないものや経験だったりすると、その達成感はなおさら強くなる。しかし、そんな大きなことは、誰にでも簡単にできるものではない。ましてや日常生活のなかでは、そのような達成感を味わえることは少ない。

しかし、マラソンでは、レースにエントリーし、完走さえできればそれが可能だ。途中苦労しながらも最後まで完走したとき、誰でもいつでも、どんな状況でも、ゴールタイムが悪くても、ディープな達成感を味わえる。

この深い達成感は、年齢や性別、職業など全く関係なく、完走したすべての人に与えられるもの。

フィニッシュ地点では、完走した人たち同士で、そこに到達するまでの長い道のりの苦労と努力を、心からねぎらい合える。

達成感とは、人間のシンプルでプリミティブ（原始的）な喜びのひとつで、完走するたびにランナーの心に深く刻みこまれるご褒美《ほうび》のようなものだ。

肉体は苦しい、しかし、心のなかは深い満足感に浸《ひた》れる。やったことのない人にはわからない、不思議な感覚。それがマラソンの大いなる魅力だ。

努力と工夫で自己記録にチャレンジ

「達成感」というご褒美を得るため、人はあえて苦しいマラソンを走っている。

しかし、年に何度も完走している人にとって、完走は当たり前のことになる。達成感をそれほど感じなくなったベテランランナーは、それでも飽きることなく走り続けレースにチャレンジする。なぜだろう？

「達成感」の次にくるマラソンの魅力、それは自己記録へのチャレンジである。記録へのチャレンジではなく、あくまで〝自己記録〟へのチャレンジということがポイントだ。

人間は誰でも年をとる。加齢は逃れることのできない宿命だ。年をとればとるほど、肉体的には衰えていくばかりのはず。ところが、マラソンをやる人は、なぜか年を重ねるにつれ、ますますマラソンにはまっている人が多い。

「私は60歳からマラソンをはじめて、65歳のとき3時間50分の自己記録を達成した。今75歳だけど、次のレースで70歳年代別の入賞を狙っているよ」

と言うお爺さんはたくさん存在する。見た目は若いけれど年齢を聞くとびっくりする人が、ランナーには多い。

年を重ね、衰えていくのが当たり前の肉体が、マラソンの記録に限っては、努力と工夫しだいで伸びていく。

「加齢＝衰退・後退」という単純な図式を、「自己記録＝進歩」に変革できるのがマラソンなのだ。

世間からは、外見だけで〝中年〟とか〝お年寄り〟というレッテルをはられ、それなりの扱いしかされない人でも、マラソンの世界では違う。颯爽と走るその姿は、若い人から尊敬のまなざしを集める。社会的な成功などではなく、単純にひとりの人間として受ける尊敬は、かなり価値が高い。

また、マラソンは、単に筋力が強いか弱いかで決まるスポーツではない。筋力だけの勝負なら、若い男性が圧倒的に速いことになるが、現実は違う。

ホノルルマラソンなどの初心者が多い大会で、後半、筋肉痛やヒザの痛みで道ばたに座り込んでいるのは、たいてい前半のオーバーペースでつぶれてしまった若い男性である。その横を、スタートから終始マイペースで走っているお爺さん、お婆さんランナーがニコニコ顔で通り過ぎる。筋骨隆々の男子がその姿を見て、「おみそれいたしました」と脱帽するのである。

また、夫婦で一緒にフルマラソンのレースにチャレンジする人も最近は増えてきた。「どちらが速いのですか?」と尋ねると、見るからにスポーツマンのご主人より、スポーツには全く縁のないか弱そうな奥様のほうが先にゴールするケースもフルマラソンでは珍しくない。

マラソンは単純な若さや体力の問題ではなく、トレーニングの努力と工夫によって誰にでも進歩するチャンスがあるスポーツなのだ。

忘れられないマラソン秘話

これまで私は、おそらく数万人のランナーと出会ってきた。そのなかのひとりに、とても感動させられた女性がいる。

彼女は、50代の女性で、ウルトラマラソンを頻繁に走っている熟練ランナーだ。走りはじめたのは30歳前のことだったという。そのころ、重い病気を患った幼い子供がいて、毎日看病をしていた。そして、懸命な看病の甲斐なく、その子供は亡くなった。10歳に満たない短い生涯だったそうだ。

葬儀が済んでから、家族全員が悲しみに打ちひしがれていたなか、母親である彼女は、子供が死んだことに誰よりも責任を感じていた。一時は自殺を考えるほど毎日なにも手につかず、家に閉じこもっていた。

そんな悲しい日々が何カ月も続いたある日、なんの理由もなしに、突然なにかにとり憑《つ》かれたように、家の外に出て走りはじめたのだと言う。普段着のまま、ランニングシューズではなく普通のサンダル履きで。行くあてもなくゴールもなく、家の近所を疲れきるまで走り回った。疲れきって家に戻ると、不思議とそれまで落ち込んでいた気持ちが和らぎ、死んだ子供の笑顔が頭に浮かんだそうだ。

その日以来、彼女は走ることが子供への供養《くよう》だと考えた。毎日毎日走り続け、やがてフルマラソンのレースにもチャレンジするようになった。自分が苦しめば苦しむほど、亡くなった子供への供養になると思い、より苦しさを求めてウルトラマラソンにも挑戦。

走ることが、自分の子供の死という、人間にとってこれ以上ない辛さを乗り越えるひとつの方法になったという話だ。

私はこの話を、いつまでも忘れられずに心に刻んでいる。

ランニングは、神経を酷使する現代人に適した運動だ

死にたい気持ちを走ることで乗り越えた女性の話は、なにも特別なことではないと思う。実際、走る目的が仕事などのストレス解消と答える人は多い。

現在、コンピュータやインターネットなど情報化社会の発達で、なにをやるにも本当に便利な世の中になった。しかしその反面、パソコンの画面に向かってひたすら作業している時間が多くなったのも事実だ。

パソコンの作業は、目と神経を酷使する。だから、一日の仕事が終わったときは、肉体の疲れではなく神経全体が疲れきっている。

神経が疲れ過ぎると、夜の寝つきが悪くなり、眠りも浅くなる。そんな状況が続くと、いろいろな病気に発展することもあるので注意が必要だ。

疲れて高ぶった神経を癒《いや》すには、お酒を飲むのもいいだろう。しかし、お酒は飲み過ぎると、それはそれで身体にいいものではない。

走って気持ちのいい汗を流すことは、そんな〝情報化社会〟独特の神経疲労を癒すのに最適な運動なのだ。

「走っているときは頭のなかがからっぽになってスッキリする」とか、「悩んでいたことがなんとなく前向きに考えられるようになる」という感想をもつランナーは多い。つまり、神経が疲労しきった状態というのはその真逆で、「頭のなかがデータや仕事のことでいっぱいになって、パンクしそうな状態」か、「いつまでも、くよくよ悩んでいる状態」なのだ。

そう考えると、ランニングが単に健康維持のための運動という枠を超えるだけのポテンシャルをもっていると言っても過言ではないだろう。

将来は、疲れた神経や心を癒す薬として、「あなたは、週3日、30分のランニングが必要です」なんて、心療内科のドクターから〝ランニング〟を処方される時代がくるかもしれない。

走ることは生まれついての本能である

人はなぜ走るのか？

その理由を単純明快に答えるのは難しい。その人の考え方や状況、タイミングによって、それぞれ異なるからだ。

しかし、これだけは言える。どんな世のなかになろうとも、人間が地球上に住むその他の生き物と同じ〝動物〟の一員である以上、走ることは、生きていくために必要な、誰にでも備わった生まれついての本能なのだ。

走ると、心拍数が上がり、血液が身体中をめぐる。また、激しく筋肉を動かすためにたくさんの酸素が必要になるので、呼吸数が増え、肺と横隔膜《おうかくまく》をフル活用するようになる。やがて身体中から汗が出てくる。汗とともに老廃物も身体の外に出てきて、身体はスッキリする。

走ると、肉体はとても活性化する。活性化した肉体は、五感がとても敏感になり、身のまわりにある自然をより深く感じることができるようになる。

五感は、理屈（頭）ではなく、身体そのものが感じるのだ。走ることは、まさに本能なのである。

トレーニングとはなにか？ 基礎知識を学ぼう

マラソントレーニングについて理解する前に、ここでは、その前提となるトレーニングについての基礎知識を学んでおきたい。

そもそも、トレーニングとはいったいなんだろう？ なにごとも基本がわかると、その本質がうっすらと見えてくる。逆に、基本を全く理解せずにトレーニングを実行しようとしても、深い霧のなかをただよい、なにかにぶつかるだけだ。

基本がわかれば全体像も俯瞰《ふかん》的に把握でき、傍から見るとただ走っているだけのようにしかみえないマラソンが、より立体的に理解できるだろう。

トレーニングということばの語源が、英語のトレイン（train）だということを知っている人は多いだろう。トレーニング（training）は、トレイン（train）の名詞であり現在進行形である。

普通、日本人がトレインということばを聞いて、すぐに頭に浮かぶ日本語訳は〝列車〟だろう。しかし、トレインという単語を辞書でひくと（辞書によって違うこともあるが）、他にも、訓練する、養成する、教育する、練習する、ということばがでてくる。

トレインということばには、訓練という意味が強く込められているのだ。

トレインから派生したことばには、トレーナー（訓練をする教官）やトレーニー（訓練生、見習い）などがあるが、いずれも、訓練という意味から派生したものである。

なぜ、「トレイン」を「列車」としたのだろうか？　この質問の解答は、トレーニングそのものの本質を、表現していると思う。

トレインということばには、訓練以外にも、継続、つながり、続きという〝なにかが連続している〟という意味がある。つまり「列車」は、1台1台の車両がつながった車という意味でトレインとなったのだろう。

トレイン＝つながったもの＝訓練という図式で考えると、トレーニングと呼ばれる訓練は「継続してなにかを行うこと」という意味となる。

ここまで説明すると、おぼろげに気づくことがあるはずだ。それは「どんな運動でも、1日やっただけでは単なる経験であって、決して訓練にはならない」ということ。

トレーニングとは、その語源からもわかるように、継続という地道な努力があってはじめて成就するものなのだ。

ある人が、なにかのきっかけで、たった1日だけ走ったとする。走れば大量の汗をかき、呼吸が苦しくなり、筋肉痛もおき、走った気分＝トレーニングをした気分になるだろう。しかし、残念ながら、たった1日ではトレーニングとはいえない。身体の変化や成長は、ある一定期間継続してこそ効果が表れるのだ。トレーニングの語源が、まさにそのことを証明している。

なぜトレーニングをしなければならないのか？

オリンピック選手に「あなたはなぜトレーニングをしているのですか？」という質問をして、答えに窮《きゅう》する者はいないはずだ。彼ら彼女らは、勝負に勝つために人並みはずれた苦しいトレーニングを積んでいる。当たり前のことだ。

では同じように「あなたはトレーニングが好きですか、嫌いですか？」という質問をしたら、答えはどうなるだろうか？

おそらく、ある人は「苦しいけど、喜びもあるトレーニングがとても好きだ」と言い、ある人は「嫌いだけど勝つために毎日努力している」と答えるに違いない。

つまり、トレーニングをすることは、好きとか嫌いとかの問題ではなく、目標を達成するために必要不可欠なものなのだ。オリンピック選手たちは、それがわかっているから、毎日の苦しいトレーニングに耐えることができる。

さて、ここで大切なことをひとつ理解しておきたい。

オリンピック選手に限らず、どんなレベルの人にとっても、トレーニングを行う理由の大前提として、どんなレベルに到達したいのかという「目標」がしっかり存在している。

オリンピック選手たちは、たとえば「金メダル」という自らの目標を達成するために、現在の体力やスキルでは、その達成が不可能なことがわかっているから、トレーニングに励む。

とりわけ、トップアスリートがしのぎを削る世界ではなおのこと。並大抵の努力では、その頂点に立つことはできない。

ただ漠然とマニュアル通りにトレーニングをやっていては、自分が目指す頂点を見誤ることになる。そうなると、せっかく一生懸命まじめにトレーニングをしているにも関わらず、その選手は絶対に勝つことはできない。自分が実行している何倍ものトレーニングを、世界のどこかで誰かが実行しているかもしれないのだ。周囲が見えていないと勝てない世界だ。

日本のある有名なマラソンコーチが以前こんなことを言った。

「世界一になるには、世界一のトレーニングをやればいいんだよ」

そのとおりである。しかし、なにが世界一なのかを想像できなければ、世界一にはなれない。世界一のトレーニングを実行する前に、なにが世界一かということを知る情報収集力と想像力が必要なのだ。

では、一般市民ランナーがトレーニングを行う理由はなんだろう？

基本的なことは、オリンピック選手と同じ。目標レベルと現在のレベルのギャップを埋めるために、継続したトレーニングで身体を改造することが目的だ。

たとえば、まだフルマラソンを走ったことのない人が、フルマラソンの完走を目標に設定したとする。その時点の体力では、５㎞も走れなかったとしても、なんらかのトレーニングによって、フルマラソンを完走する体力をつくることはできる。

一般の人のトレーニングは、オリンピック選手と違い、周囲を見渡せる想像力はいらない。自分がすべきトレーニングをしっかり理解し、自分のことだけに集中すればいいのだ。一方で、周囲から大きな期待を受けるオリンピック選手とは違う課題がある。それは、モチベーションだ。

一般の人がトレーニングに取り組むとき、どれだけ目標に対する高いモチベーションを保つことができるか。そんなメンタル面が、一番のポイントになるだろう。

知っておきたいトレーニングの基本5原則

トレーニングには基本原則というものがある。その代表的な5原則を、ここで紹介しておきたい。すべてのトレーニングメニューは、この基本原則を元にして構成され、そして実行されるのが常識となっている。これは、運動生理学の基本なので、単なる知識ではなく、自分の身体がどんな原則にしたがって反応しているのかを考えれば、より興味もわくだろう。マラソンに励む読者は理解しておきたい項目だ。

「意識性」　トレーニングに集中する

意識性とは、運動を行うときは、意識をその運動に集中したほうが進歩が早いという考え方である。

身体は実に不思議だ。うまく自分でコントロールしていると思っていても、できているときと、そうでないときがある。うまくコントロールできていないときは、頭のなかを、なにか他の心配事などが占めている場合が多いのではないだろうか。

たとえばストレッチをするときでも、そのとき伸ばしている筋肉に意識を集中したほうが、しっかり伸びて柔らかくなる。

身体はしっかり意識をしなければ、うまく働いてくれないのだ。

「漸進性《ぜんしん》」トレーニングを持続すること

漸進性とは、ゆっくり進む性質のこと。もっとわかりやすく言えば、筋力も運動スキルも持久力も、毎日少しずつしか進歩していかないということだ。一度にたくさんのトレーニングをやり過ぎても、体力の向上するレベルには限度がある。身体の変化は徐々にしかおきないので、トレーニングは継続が必要なのだという、最も基本的な考え方だ。
トレーニングには「食いだめ」という考え方はない。

「反復性」 繰り返すことによってはじめて身につく

反復性とは、呼んで字のごとく、なにごとも繰り返さなければ身につかないという性質。英単語の暗記なら、一度見ただけで完全に暗記してしまう人もたまにはいる。しかし、ほとんどの人の場合は、何度も繰り返し暗記する訓練によって、徐々に脳にすり込まれていく。目など一部の感覚器や脳だけを使う記憶でさえそうなのだから、筋肉や神経、循環器までも総動員するマラソンではなおさらのこと。繰り返すことによって、はじめて身につくこともあるし、繰り返すことによって一生忘れない運動のスキルもあるのだ。

昔から言う「身体で覚えろ!」とは、理にかなったことなのだ。

「全面性」 すべての運動を意識した全体的な訓練を心がける

全面性とは、ある運動を個別の動きだけで考えるのではなく、全体的に訓練しなければ、結果的に身につかないという性質のこと。たとえば「走る」という運動は、腕振り、脚の運び、着地の仕方など、さまざまな筋肉運動が融合したものである。しかし、走っているときに、いちいち腕振りや脚の運びを考えていたのでは、なんとなくぎくしゃくしてうまく走れないだろう。もちろん個別の訓練も必要だが、最終的には、すべての動きを融合した全体的な訓練が不可欠なのだ。頭のなかでその運動をイメージする全面性を忘れてはならない。

「個別性」 人それぞれトレーニングメニューをアレンジする

個別性とは、人間は中身も頭のなかもすべてが違う個体だから、個性に応じたトレーニングをすべきである、という考え方だ。

十人十色ということばがあるように、同じトレーニングメニューでも、それを実行する人の得意不得意や特性によって、少しずつメニューをアレンジする必要がある。この本の読者は、個別のコーチがいない人が多いと思う。その場合はセルフコーチングになる。

セルフコーチングをするときには、自分で自分の個性を適確につかまなければならない。これは意外に難しい。なぜならば、自分の個性を判断するための、幅広い知識と客観性が必要だからだ。

自分の走りについて、ランニング仲間に指摘してもらうのもいいかもしれない。また、「人のふりみて我がふり直せ」ということばがあるように、他人をよく観察して、自分に置き換えてみるのもいいだろう。

トレーニングという考え方は動物にはないはず

視点を少し変えて考えてみたい。はたして野生動物に、トレーニングという概念は存在するのだろうか？　人間も動物の一員なのだから、人間よりむしろ動物のほうが大きく勝る運動という分野においては、動物から学ぶことも多いに違いない。

野生動物が行うトレーニングとしては、たとえば親が子に餌をとる訓練をする場面などをテレビで目にすることがある。それは、餌をとる方法、つまりスキルの経験であり訓練だと思う。しかし、競走馬の調教などを抜きにして、野生動物がトレーニングの目的で走る場面は、これまで見たことがない。

私は、野生動物に体力トレーニングは存在しないと思っている。野生動物がもっている100％の体力を使う場面は、生きるために餌をとるときだ。その場面はまさに必死で、必ず100%の力を出しきっているだろうと思う。それ以外の時間は、無駄な力を使わないように、できるだけ休んでいるのではないだろうか。そういう意味では、野生動物の運動には、ゼロか100%しかないと思う。言うまでもなく、ゼロは休息または死を意味し、100%は生きるために餌をとるときだ。

幸い、社会を形成した人間は、体力という面でゼロか100%、言い換えれば白か黒かをはっきりしなくても生きていける。人間は、ゼロと100の中間あたりを、少し行き来することでトレーニングを楽しめる幸せな動物なのである。

トレーニングの方法はいろいろある

トレーニング方法について書かれた本は世界中にごまんとある。スポーツや健康の各分野で著名な指導者やコーチたちは、自ら編み出した方法論、すなわちトレーニング理論を、自分が指導する選手以外にも生かすために情報として伝えている。

それぞれのトレーニング方法には、新たな発見や視点、そしてトレーニングの考え方になる主軸がある。逆にそれがないものは、あまり信頼できないものだといえるかもしれない。

また、その時代によって、主導権を握るコーチのトレーニング方法が王道となり、その模倣がはやったりする。

このようにトレーニングにはさまざまな方法論があるので、どれが正しいとは言いづらい。しっかりとした基本原則があり、軸がぶれてなければ、問題はない。

大切なのは、「誰々のトレーニング」という受け売りではなく、そのトレーニングの底辺にある考え方をよく理解し、自分自身の基本に据え、取り入れることだろう。

これはスポーツだけはなく、世の中のあらゆる場面に共通することだと私は思っている。

破壊と再構築を繰り返し身体は少しずつ強くなる

「トレーニングは、破壊と再構築の繰り返しである」

このことばを、私は現場でよく使う。

ここでいう破壊とは、例をあげると筋肉痛である。負荷の高いトレーニングを行うと、その負荷によって筋肉が少し壊れる。そのときに痛みを感じるのが、筋肉痛だ。筋肉痛がおきるほどの負荷をかけたあと、少し休むと筋肉は回復し以前より強くなる。そして、以前と同じレベルの負荷をかけても筋肉痛がおきなくなる。

この破壊と再生を繰り返すことによって、身体は少しずつ強くなり、気づいたときには大きく変身しているのだ。

なぜ、あえてここで破壊と再構築について語っているかというと、トレーニングを

〝破壊〟の側面だけでとらえている人が多いからだ。そんな人は、走れば走るほど速くなると思い、休息することなく走り続ける。

確かに、この方法でもある一定のレベルまではいくかもしれないが、限界を超えると身体はトレーニングに対して再構築することをやめる。身体が自らに拒否反応をおこすのだ。

破壊は、再構築という工程があるからこそ意味をなす。さらに、それを繰り返すことに意義があるのであって、ただ自分の身体をいじめるだけでは、正しいトレーニングとはいえない。

ただし、いくら休むことが原則だといっても、休んでばかりいては力もつかない。人間は、楽をすることも好きだが、いったん頭で理解すると、ものごとに対してまじめに取り組む性質をあわせもつ。

破壊と再構築、トレーニングと休養のバランスコントロールも、なかなか難しいのである。

目標を達成するための準備と努力

ランニングというスポーツには、いろいろな楽しみ方がある。自分の健康づくりのための散歩と同様に、家の近所をジョギングする人もいるだろうし、トップアスリートのように、目標とする大会でいい成績を残すために努力する人もいるだろう。

本書を読み、「マラソン」にチャレンジする人たちも、その目標は十人十色、さまざまだろう。あえてまとめるなら、「市民マラソンの大会に出場し、自分が設定する目標タイムをクリアすべく完走すること」だろうか。

ただ近所を走ることが楽しめればいいだけであれば、トレーニングという考え方は必要ない。しかし、どんなレベルであれ、大会やレースに出るのであれば、そこには「完走したい」や「このくらいのタイムで走りたい」といった具体的な目標があるはずだ。これも５㎞や10㎞、あるいは30㎞程度なら、さほどのトレーニングがなくてもある程度の体力さえあれば走れてしまうもの。しかし、特にフルマラソンの場合、ある程度のスピードを保ちながら長い距離を走りきるためのペース配分が重要となる。体力だけでは、42・１９５㎞は思ったように走破できないのだ。

したがって、フルマラソンで自分なりの目標を達成するためには、**準備と努力**が不可欠になる。すなわち、きちんとしたトレーニングが必要なのだ。そもそもフルマラソンを完走するための体力がない人は、「体力をつける」ことが、トレーニングの最大のテーマになるだろう。サブ３が目標なら、そのペースを守る走力を身につけることが目的になる。

まずは自分の現状を認識し、その能力に応じてそれよりも少し高いレベルの具体的な目標を設定することが重要だ。なぜなら、目標に対する高いモチベーションを保つことができるメンタル面が、トレーニングに取り組む一番のポイントになるからだ。トレーニングをする準備期間も含めて「レース」だと考えれば、マラソンというスポーツをより深く理解でき、ますます楽しむことができるようになる。

ピークをレースに合わせるトレーニングの考え方

次章以降、具体的なトレーニングメニューについて解説をしていくことになるが、私のトレーニングメニューの考え方は、すべて「ピーキング」という概念が基本になっている。

ピーキングとは、自分の心身のピークをレースのときに最大にすべく鍛錬し調整することである。そのために、やみくもに厳しいトレーニングをすればいいわけではない。トレーニングに強弱をつけ、レース当日にピークを合わせていく。

マラソントレーニングでよくある失敗を上げてみよう。

大会への出場が決まり、最初は張りきって練習をはじめた。しかし、すぐにヒザを痛めてしまったのでしばらく休むことになる。とはいえ、大会が近づいてきたので、また慌てて走りだす。やはりヒザを痛めるが、やむを得ずテーピングなどで応急処置をしてレースを走る。人間らしいといえば人間らしいが、こうした失敗はしばしば見受けられる。

本来はレースから逆算して、準備をしていくべきなのだ。「レースでピークに」と考えると、レースから2週間は調整にあてる期間だ。したがって、それ以前の3週間がレースのために追い込む練習をする時期「実戦練習期」となる。この実戦練習期前の3週間が、追い込む練習をするために身体をつくっていく時期。さらにその前の3週間が身体をつくるための基礎をつくる時期。というように「期分け」して考えることが重要だ。

また、これら3週間ごとの「練習期」の合間には、必ず1週間の休み「リカバリー期」を入れることを忘れてはならない。破壊と再構築の項（47〜48ページ参照）ですでに述べたように、休養も重要なトレーニングの一環である。つまり3週間練習して、1週間休むという4週間がひとつの練習周期となる。

こうした考え方については、あとで詳しく述べる。

さらに、トレーニング自体には、負荷の高いものと低いものがあり、これらの組み合わせが重要だ。このように、トレーニングのなかで、緩急をつけることも非常に重要なポイントになる。

多くのトップアスリートは、さまざまなトレーニングを実践している。また、実業団や大学の陸上部などであれば、こうした考え方がトレーニングメニューとしてマニュアル化されている場合も多い。

私自身は、大学3年（早稲田大学）から実業団（リクルート）に入るまで、大学1、2年のときの練習内容をベースに練習メニューをひとりで考え、ひとりでトレーニングしてきた。特に実業団時代は、男子部員がひとりのチームだったので、他の実業団の練習に参加させてもらい、練習方法を教えてもらったり議論したりして、それを自分の練習メニューに生かすなど試行錯誤を繰り返した。現役引退後は、シドニーオリンピックの金メダリスト高橋尚子の育ての親としても名高い小出義雄監督とともにいろいろな選手を指導する場面で、私なりのトレーニングメニューを実践しながら、選手たちを通じて実験・検証してきた。

「ピーキング」を核にしたトレーニングの概念は、市民ランナーにも当然応用できる。ただし、各人によって、体力レベルや体調やランニング技術については千差万別。のちに紹介するトレーニングメニューを、**いわゆる単純なマニュアルとしてとらえずに、トレーニングメニューの構造と意味を理解してほしい。「今なぜ、この練習メニューをこなすのか」という練習の目的を、最終目標を常に意識しながら考えるようにしよう。**

そうして自分なりのトレーニングメニューがつくれるようになれば、マラソンの本当の楽しさに気づくだろう。なにより、あなたが目標を達成する可能性は、ぐっと高まるはずだ。

第2章

トレーニングの基礎知識

トレーニングの種類がさまざまある理由

マラソンの基本トレーニングには、いろいろな種類がある。これらは、それぞれ目的が異なる。なぜこれらを織り交ぜながらトレーニングするのかといえば、「長所を育て、短所を補う」ためだ。

たとえば、「スピードをもう少しつけたい」という場合と、「スタミナに不安がある」という場合で、抱えている課題は異なる。自分の目的意識に合わせて、トレーニングに取り入れるメニューを組み込んでいくべきだ。

注意したいのは、多くの場合、自分が得意な分野を伸ばそうとし過ぎる傾向が強いこと。スピードに自信がある人は、スピード練習をついついたくさん行いがち。スタミナに自信がある人は、スピード練習をさぼりがち、といった具合だ。得意なものは、短期間で身につけやすい。一方、苦手な分野を補うのには時間がかかる。したがって、最初はなるべく弱点を補う練習に時間を費やすよう意識したい。

初心者は長時間走った経験が少ない。必然的に、フルマラソンを完走できるスタミナを身につけるべく、基礎体力をつける練習が中心になる。

また、サブ3を狙うような上級者も、実はマラソンがさほどスピードを要求されるスポーツではないことを理解しよう。1km3分30秒で走るスピードを身につけるよりも、1km4分15秒をいかに楽に走るかが重要なのだ。スピードよりもスタミナを意識した練習に重点を置いたほうがいい、と私は考えている。

ケガや体調など、個別に抱える身体の状態に合わせてトレーニングを変えることも必要だ。また、トレーニングに割くことができる時間も人によってまちまちだろう。さらには、トレーニングが長期間にわたると飽きてくることも想定される。そうした場合に、トレーニングメニューを入れ替えたり、トレーニングの量や負荷を変えたり、普段とは違う場所を選んだり……といった具合に、自分なりにアレンジする工夫もしてほしい。

WALK【ウォーク／ウォーキング】

走り出す前に、しっかりと歩く

「歩く」トレーニング。特に初心者の練習初期段階で、体幹と脚力の基礎をつくり、有酸素運動能力を向上させるのが主な目的である。

注意すべきは、単なる散歩ではないこと。普段歩くよりも速めに、「スタスタ歩く」イメージをもとう。また歩く際は、継続して歩くことが大切。同じ40分という時間を歩くにしても、スーパーまで20分歩き、買い物をして、また20分歩いて戻ってくるよりも、40分間続けてウォーキングするほうが効果的だ。

ウォーキングとランニングは、使う筋肉に多少の違いはあっても、共通する要素が多く、別ものと考えるべきではない。ウォーキングのフォームは、ランニングフォームの基本になるので、歩く際もフォームには注意したい。ランニングと同様に、肩甲骨を意識して腕をしっかり振って歩こう。背筋を伸ばし、体幹を意識しながら歩くことだ。

初心者の初期の体力強化が主な目的だが、ＪＯＧ（ジョグ）よりも負荷が軽く着地衝撃も少ないので、走ると脚に違和感があるときなどにＪＯＧの倍の時間をかけて歩けば、筋力をキープできる。また、ランニングは両足が地面から離れる時間があるため、どうしてもバランスを崩しやすくなる。身体のバランスのチェックや修正にも、ウォーキングは効果的な手段だ。

なお、ＷＡＬＫやＪＯＧなどのフォームの基本については、ここでは深く言及しない。私が書いた『体幹ランニング』（講談社刊）を参考にしてほしい。

JOG【ジョグ　ジョギング】

あらゆるランナーの基本中の基本

「ゆっくり走る」トレーニング、ジョギングである。マラソンの基本中の基本となる練習法であり、最も頻度の高いトレーニングだ。

会話をしながら走れるのが最適なスピードだ。初心者でも30分から1時間程度、中・上級者であれば2時間から3時間は楽に走れる程度のスピードでジョギングしよう。したがって、人によってそのスピードは異なる。

フルマラソンでの完走を目指す初心者であれば、1kmあたり7分〜8分のペース。中級者であれば6分〜6分半。上級者であれば5分〜5分半。これらのペースが目安になるだろう。初心者にとっては、このペースが実際のレースペースになる。強度の低いトレーニングだが、ランニングの基本となる筋力をつけ、有酸素運動の能力を高める効果が期待できる。

頻度が高い分、身体に対するすり込み効果が高く、スピードを変えて走るときに及ぼす影響が大きい。ＪＯＧのときに悪いフォームで走っていると、変な癖がついてしまうので注意しよう。また、それが原因で、スピードを上げた際に、ヒザや足首に痛みを生じることも多い。ＪＯＧの際には、腰が落ちない正しいフォームと一定のリズムを守って走るようにしよう。

ＪＯＧは、体力強化のほか、疲労回復のための積極的な休養としても、体調を整える日常的なトレーニングとしても有効だ。ただ漫然と走るのではなく、どんな目的でＪＯＧをするのかを考えながら取り組むと、より効果的なトレーニングになる。

LSD【ロング・スロー・ディスタンス】

長時間、ゆっくり、長い距離を走る

英語の「ロング・スロー・ディスタンス（Long Slow Distance）」の頭文字をとった略称で、長い時間、ゆっくりと、長い距離を走るトレーニングのこと。ゆっくり走るという意味ではＪＯＧと同様だが、時間と距離が長くないとＬＳＤ《エルエスディ》ではない。長く走る分、ＪＯＧよりもゆっくり走る。

ＬＳＤによって、脂肪が燃焼しやすい身体をつくるのも目的のひとつ。軽い負荷を長時間かけることによって毛細血管の発達を促進し、心肺機能を高め、結果的に有酸素運動能力を上げる。

初心者であれば、１㎞あたり7分〜8分のペースでＪＯＧとほぼ変わらないだろう。中級者であれば6分半〜7分。上級者であれば5分半〜6分。JOGよりもやや遅いペースが目安になる。

注意すべきは、連続して長く走ること。できるだけ立ち止まらないように、継続して走るようにしよう。

ゆっくり長く走っていると、気持ちよくなったり、どこまでも走れるように感じる「ランニング・ハイ」状態になることがあると思う。しかし、身体が軽く感じ、気持ちよくなったとしても、ペースを上げるのは禁物だ。特にマラソンは「我慢」が要求されるスポーツ。ゆっくり走り続けることを意識しよう。

このトレーニングの目的は、気持ちよく走ることではなく、長くゆっくり走ることによって、有酸素運動能力を高めることにある。このことを忘れないようにしたい。

RACE PACE RUN【レースペース走＆持久走】

走るペースを管理する感覚を養う

「レースペース走」とは、自分が目標とするマラソン完走タイムから割り出した平均ペースで走るトレーニング。より実戦的な練習である。

たとえば、仮にフルマラソンで4時間以内の完走を目指すのであれば、レースでは1㎞あたり平均して5分40秒で走るペースとなる。その人の場合の「5㎞レースペース走」は、1㎞5分40秒のペースで5㎞走るトレーニングになる。

また「持久走」は、レースペース走よりは遅く、JOGよりは速いペースを想定している。中級者であれば1㎞あたり5分半～6分程度、上級者であれば4分30秒～45秒程度が目安だろう。

マラソンは、究極的には「ペースを管理する」スポーツである。走っている間のスピードの上げ下げが大きいと、無駄な動作が多くなり、スタミナはどんどん失われていく。平均的なスピード、いわゆる「イーブンペース」をキープするのが理想的な走りだ。そのためにも、ペース感覚を体得し、そのペースを守って走る練習が、マラソンにおいて不可欠なのだ。

あまりにもこれらの練習がきつく感じるのであれば、それは設定しているペースが速すぎるということ。苦しいペースで無理して走るよりも、自分に合ったペースをみつけ、それをしっかりと把握することが重要だ。そのためにも、自分の走行ペースがどのくらいなのかを、必ず計測しておく必要があるだろう。

WIND SPRINT【WS／ウィンドスプリント】

風に乗り、スピード&刺激を加える

短めの距離を気持ちいいスピードで、繰り返し走るのがウィンドスプリント。風に乗るようなイメージで疾走するので、こう呼ばれる。「流し」と呼ばれることもある。

１００ｍ～１５０ｍの距離を、少しずつ加速していき、全力疾走の6割から7割くらいのスピードで駆け抜ける。加速しながら50ｍ、スピードをキープして１００ｍ走るというようにして、１５０ｍを3本～10本程度繰り返すのが理想的だ。

あくまでもマラソンという有酸素運動のための練習の一環だが、この運動は無酸素運動にやや近い。ステップアップには不可欠な、スピード感覚を養うための練習だ。ＪＯＧやＬＳＤの練習ばかりだと、どうしてもダイナミックな動きにはならず、フォームが小さくまとまりがちだ。WSを取り入れることで、大きなフォームを身につけよう。

ただし、このWSはメインの練習ではない。トレーニングのなかのスパイスのような存在である。JOG、持久走などに付け加えると、刺激を与える効果がある。

たとえば、次の日にレベルの高い練習をするときに、ただJOGだけで終わるのではなく、最後にWSを5本付け加えて心拍数を上げる。これによって、**自分の身体に対して「明日はちょっとハードなトレーニングを頑張るよ」というサインを送る**のだ。ハードな練習の前日や次の日につながるような意識で、また、当日の練習でも、**常になにかのメニューとセットにして実践すべき練習だ。**

BUILD UP RUN【ビルドアップ走】

徐々にスピードアップしながら走る

走るスピードを「徐々に上げていく」トレーニング。レースペースより遅いスピードから走りはじめ、徐々にペースを上げていき、最終的にはレースペースよりもやや速いスピードまで上げるのが理想的だ。

レースペースが1㎞あたり4分15秒の上級者であれば、1㎞5分くらいのスピードで走りはじめ、最終的には1㎞3分50秒～4分程度まで上げていくような走りができれば効果的な練習となる。はじめは余裕をもって楽に走り、徐々にスピードを上げていくことで心肺機能を高め、スピード感覚も養う。ある程度の距離を走ることができるので、より複合的かつ実戦的な練習で充実感も高いはずだ。さほど長い距離を走らなくてもレースペースでの走りを体感できるので、レースが近づいてきたら取り入れると効果的だ。

注意すべき点は、最後までスピードを上げきって終えること。最後はレースペースより少し速いペースまで上げよう。徐々にスピードアップするので、レースペースより速くなってもフォームをしっかり意識できる。スピードが上がってもいいフォームで走れるし、いざレースペースで走っても楽に走ることができるのである。

ただし、この練習は上級者向けで、すべての人に必要不可欠な練習ではない。JOGとレースペースが変わらない初心者の場合は、こうしたスピードの変化に対応する練習は必要ないだろう。

DUSH AT SLOPE【坂ダッシュ】

坂をダッシュで上り、効果的に体力強化

長距離やマラソンのエリートランナーは、後述する「インターバル走」（74ページ参照）などのトレーニングを行う。この練習はトラックで行うのが理想的で、タイムを計測するコーチやパートナーが必要で、市民ランナーには実行しづらいトレーニングである。

それに対して私がオススメするのが、「坂ダッシュ」トレーニングだ。100m〜200mのゆるい坂を、WSの要領でダッシュして上《のぼ》り、JOGで下りてくる。そのスピードは、短距離ダッシュのような全力疾走の70％が目安。練習メニューの目標本数をきちんとこなせるスピードで行う。

このトレーニングで期待できる効果は、スピードを上げて坂を上ることで、正しく大きなフォームが身につき、筋力トレーニングにもなること。また心肺機能にも大きな負荷がかかるので、有酸素運動能力の向上にも効果的だ。回転数の多いピッチ走法ではなく、歩幅を大きくとるストライド走法で、なるべく大きなフォームを心がけよう。短い時間で効率的にスピードとスタミナ、パワーを養えるので、時間がないサラリーマンの方にもオススメのトレーニングだ。

たとえば、東京都内にも練習に最適な坂がいくつかある。皇居周辺であれば、三宅坂交差点から半蔵門交差点へ向かう坂や、竹橋交差点から首都高速・代官町入口へと向かう坂が代表的だ。

あなたの住む町にも、きっとこのような坂があるはずだ。ぜひ、積極的に練習に活用してほしい。

CROSS COUNTRY【クロスカントリー】

自然の地形を走って能力アップ

本来は、野原や草原、森や林、山や丘など、自然の地形を利用したトレーニングだ。マラソン界では、ケニアやエチオピアなどアフリカの選手たちが大活躍しているが、彼らのトレーニングの中心となっているのがクロスカントリーである。このトレーニングでは、心肺機能や筋力の強化に加え、走りのテクニックが自然と身につく。斜面を上るときには、ペースを上げなくても心肺機能に大きな負荷がかかる。そのため、適度なアップダウンを繰り返しているだけで、効率的に心肺機能をアップできるのだ。また、重力に逆らって坂を上るので平坦な場所よりも筋力を必要とするし、下るときも着地衝撃が大きくなるので、筋力アップにつながる。これは坂ダッシュと同様。また、自然の地形を走るとなると、足をとられバランスを崩しやすいので、自然とバランスのいい走りを身につけることができる。

自然溢れる場所まで足を延ばすのはなかなか難しいかもしれないが、連続したアップダウンのある公園内のコースを走ることでも十分高い効果が得られる。コースは舗装されていないほうが望ましいが、連続したアップダウンがある程度確保できるならば、舗装してあってもいいだろう。

こうしたクロスカントリーコースをみつけたら、持久走のイメージで走ろう。上りも下りも一定のペースをキープして走り続けることが大切だ。

INTERVAL RUN

［インターバル走］

市民ランナーにはリスクが高い

本書で私が提唱するメニューのなかに、この「インターバル走」は含まれていない。しかし、インターバル走はエリートランナーを中心に、ごく一般的に取り入れられているものなので、ここで簡単に解説しておこう。

「インターバル」とは、「間《ま》」のこと。ランとランの間に主眼を置いたトレーニングである。主にトラックなどで、ある決まった距離を走り、一定の休憩をとり、また同じ距離を走ることを繰り返す練習だ。この休憩の間隔を調整して、心拍数をなるべく下げずに繰り返すことで、心肺機能とスピードの強化を図る、非常に苦しい練習メニューのひとつだ。

たとえば200mを40秒で走り、40秒休憩してまた200m走る。これを20セット繰り返す。この距離を400mや1000mに伸ばし、インターバルをもう少し長くするという方法もある。スピード負荷が高くなっても、**間を長くとり過ぎると、200mあるいは400mを走るだけのためのトレーニングになってしまう**ので注意が必要だ。

トラックなど、100m単位で距離を把握できる場所が望ましいが、そうした場所の確保が一般的な市民ランナーには難しい。また、ひとりでの練習が難しいことに加え、短い距離をハイスピードで走るので、マラソンを走るときとは違うフォームで走ってしまうことも多い。市民ランナーにとっては、ややリスクが高い練習だと私は感じている。

REST【休養】

疲労回復も重要なトレーニング

ランニングに熱心な市民ランナーだと「毎日走っています」という人も多い。ランニングを1日も欠かさないのは、いい習慣だともいえるが、トレーニングの観点からみれば、必ずしもいいとはいえない。トレーニングによって刺激を受け、回復させる。これを重ねることによって力はついていくのである。毎日走るランナーにとって、休養は「サボリ」という意識があるかもしれないが、重要な「回復」でもあるのだ。後述のトレーニングメニューのなかにも、休養と書かれているケースがしばしばある。しっかり身体を休めるのもトレーニングの内だと考えてほしい。

また、休養のなかにも、積極的休養と完全休養（完休）がある。積極的休養とは、ハードな練習の翌日でも、時間があればストレッチをしたり軽く走ったりして、身体を動かしてほぐすことによって疲労を抜くという考え方。一方、脚に痛みが出た、風邪をひいて体調を崩した、疲労困憊《こんぱい》で食事がとれないなどの場合は、完全休養をとって、早く身体を動かせる状態に戻すために、しっかり身体を休める必要があるだろう。

トレーニングメニューに「休養または軽いJOG」とある日は、積極的休養をとる日だ。時間があれば、30分〜60分程度軽くJOGをして、前日の練習の疲労度合を自分で確認することも大切だ。

ただし、特に上級者のなかには、休養するとお腹がすいて普段より暴飲暴食しやすい人もいるだろう。練習を休む分、太りやすくなるので注意が必要だ。

トレーニングメニューの読み方と応用の仕方

次章以降、初心者・中級者・上級者とレベルに応じて、レースまでの100日間にどのようなトレーニングをすべきかのメニューを示す。このメニューがどのような意図で、どのような順序で構成されているのかを簡単に説明しよう。それを理解してもらえれば、このとおりのメニューをこなせなかったとしても、どれは軽視していい練習か、逆にどれは外してはいけない練習かがわかるはずだ。

まず、レースから逆算して、大きく「なにをやる時期か」を決めていく。これが「期分け」の考え方だ。

レースから逆算して、直前の2週間は調整期間。その前の4週間の内、最初の3週間をレース本番のための「追い込み」であるハードトレーニングに当てる。その後

期分けの考え方

「ピーキング」を意識し、レース当日から逆算して、期分けをしてトレーニングメニューを組み立てよう。

① まず、レース直前2週間は、最終調整に当てる。

② 次に、その前の4週間の内、3週間はハードトレーニングの実戦練習期。その後の1週間はリカバリー期。

③ さらにその前の4週間は、3週間の身体づくり期と、1週間のリカバリー期に当てる。

④ そして、さらにその前の4週間は、3週間の基礎練習期と、リカバリー期となる。

このように、4週間ごとのサイクルでメニューを組み立てながら、目標とするレースに備えよう。

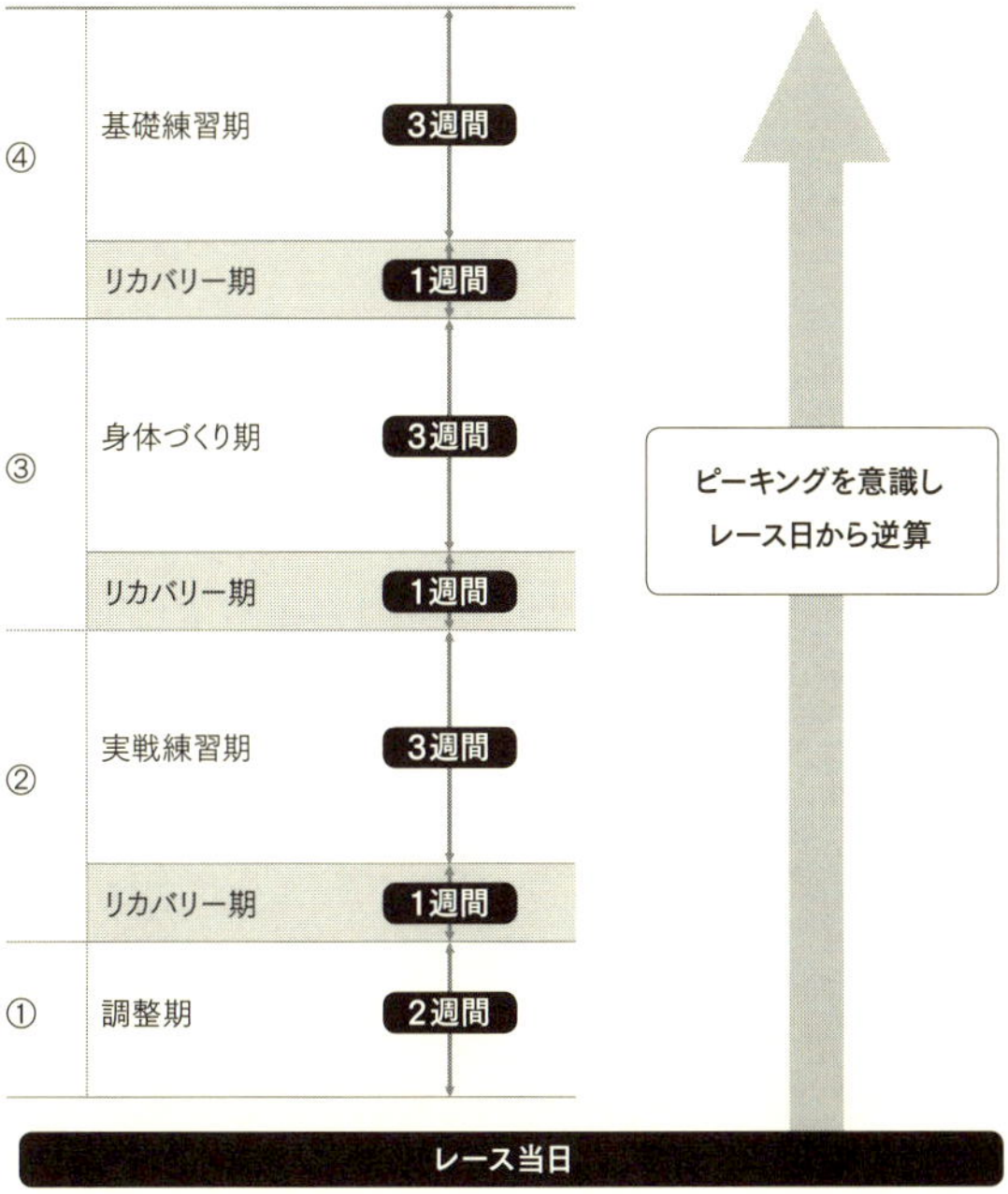

1週間、休養を入れる。さらにその前の4週間は、追い込みのハードトレーニングを実践するために、基礎体力を向上させる3週間と1週間の休養だ。そして、さらにその前の4週間は、その準備のための3週間のトレーニングと1週間の休養になる。

トレーニング全体の構造は、このように、3週間トレーニングを実践し、1週間休養しながら、よりハードなトレーニングに耐えうる身体をつくっていくよう構成されている。そして、最後の2週間は体調を整えレースに臨むという構造になっているのだ。期分けができたら、次にその期に、どんな練習をすべきかを考える。

本書のメニューは、土日が休みのビジネスマンやOLのみなさんがトレーニングを積むにあたり、どのようなスケジュールで練習したらいいのかを前提に考えている。週のなかで最も重要な「ポイント練習」は、ある程度の時間が必要になるので、土曜と日曜に設定している。毎週、土曜・日曜の練習をスケジュールの軸に置き、次の週までは1週間あいているので、水曜日や前日の金曜日に、その次のポイント練習のための準備練習「ブリッジ練習」を入れているケースが多い。そして、残りの日は、補助的なJOGや筋トレ、ストレッチなどでつないでいく。

仕事が忙しい時期、時間が取りやすい時期は人によってまちまちだろうが、土日に設定されているポイント練習は、初期段階からなるべく実施しよう。LSD、持久走、レースペース走などといったメニューは必ずこなしていってほしい。仕事柄、土日が休みではなく、平日が休みという人や、休日が不定期という人たちももちろんいるだろう。そのような人は、土日の練習メニューを自分の休日に置き換えてアレンジしてほしい。

土日の練習ができなかった場合に、その代わりとして月曜日に練習する、というくらいであれば問題ないが、火曜日や水曜日にずれ込むようなら無理してこなすと、身体への負担が大きくなり過ぎる場合もある。できなかった練習はあきらめ、その次の土日の練習は休まずにしっかり行うことに注力しよう。

土曜日と日曜日がセットになっている「セット練習」（詳細は154ページ参照）は、必ず2日連続で両方こなすこと。時間がないときには、同じ日にメニューを実践してもいい。もしくは土曜日と月曜日というように1日おき程度で実践しよう。

1日1日の練習をこなせたか、こなせなかったかは、実はさほど大きな問題ではない。ただし、重要なポイント練習をこなせないままレース近くまで過ごしてしまうと、そのときになってはじめて「弱点」として表れてしまう。

レースまでどのくらいの時期で、今、自分が何をしなければならないのか、そして今、なにができていないのかをしっかり把握することが大切だ。このことを意識して、トレーニングを積み重ねてほしい。

STEP 3

月	休養
火	JOG 40分 WS 3本
水	坂D 7本
木	休養 or 軽いJOG
金	JOG 40分
土	RP走 5km
日	LSD 90分
月	休養
火	JOG 40分
水	JOG 40分 WS 3本
木	休養 or 軽いJOG
金	JOG 60分 WS 5本
土	LSD 90分
日	持久走 15km

メインとなるポイント練習、ブリッジ練習が決まったら、残りのあいてる日の練習メニューを決めよう。仕事の忙しさや疲労度合など各自の状況に応じて、JOG、筋トレ、休養などを組み合わせて設定すれば、メニューは完成だ。

日々のトレーニングメニューのつくり方

期ごとの練習メニューをつくる際は、
STEP1 ポイント練習を設定する。
STEP2 ポイント練習とポイント練習をつなぐ、ブリッジ練習を設定する。
STEP3 その他の日のトレーニングメニューを設定する。

※ 本書では、トレーニングメニューは、「土日休み」を前提に設定している。
平日休みの人や休みが不定期な人は、トレーニングの内容、順番をアレンジして組み立てよう。

STEP 1

月	
火	
水	
木	
金	
土	RP走 5km
日	LSD 90分
月	
火	
水	
木	
金	
土	LSD 90分
日	持久走 15km

休日で練習時間がとれる土日を中心に、まずは「ポイント練習」を設定。これらがトレーニングの軸となる。連休を使ってスピード練習とスタミナ練習を組み合わせた「セット練習」を実施するのもいいだろう。

STEP 2

月	
火	JOG 40分 WS 3本
水	坂D 7本
木	
金	
土	RP走 5km
日	LSD 90分
月	
火	
水	JOG 40分 WS 3本
木	
金	JOG 60分 WS 5本
土	LSD 90分
日	持久走 15km

土日のポイント練習と、次の週末のポイント練習をつなぐのが「ブリッジ練習」。間があき過ぎてしまわないよう、平日の水曜日にブリッジ練習で刺激を入れよう。また、土曜日の練習のために、金曜日に刺激を入れてもOK。

レースに向けてコツコツとトレーニングを積み重ねる「セルフマネジメント」が、マラソントレーニングにとって重要だ。これは、レースでの走りのマネジメントにも生かされる。しっかりしたトレーニング過程で自信がつけば、前半で慌ててスピードを上げ、後半失速するというありがちなレース展開にならずに済む。

レースをイメージすること。そしてそのイメージに向けてトレーニングを組み立てて実践し、これらをトータルでマネジメントすること。これこそがマラソンで最も難しいことであり、醍醐味でもあり、最大の楽しみなのだ。

なお本書においては、トレーニングメニューを大きく初心者・中級者・上級者用に分けた。フルマラソンでの完走（6時間台）を目指す「初心者」、サブ4（4時間以内での完走）を目指す「中級者」、サブ3（3時間以内での完走）を目指す「上級者」としているが、これらはあくまで目安である。どこにも該当しない人もいるだろうし、微妙な境界線に立っている人もいるだろう。

しかし、トレーニングに関する根本的な考え方は一貫している。それぞれを参考にしながら、自分なりのトレーニングメニューをアレンジして組み立ててほしい。

第3章

目標は完走　6時間以内で完走する！
初心者マラソントレーニング

STORY

ホノルルマラソン チャレンジドキュメント

「サトミの挑戦」

＊本編は、これまで私が教えてきた経験を元に作成したフィクションです。よく見受けられる欠点や失敗例、そして克服法などを盛り込んでいるので、十分参考にしてください。

「流行《はや》っているみたいだし、走ってみようかな」

夏の終わり、サトミはそう決断した。

サトミは今年で33歳。東京・丸の内で働くOLだ。3年前に、外資系の金融系シンクタンクへと転職し、事務職として働いている。

現在ひとり暮らし。学生時代は、埼玉県内の実家から東京の大学まで1時間半かけて通っていたが、大学卒業後、大手金融会社に就職すると同時にひとり暮らしをはじめたから、もう10年以上になる。

同い年の彼氏とは、付き合ってもうすぐ2年。結婚するかどうかはわからない。「結婚しないの?」と言ってくる友人もいるが、これぱかりはサトミひとりで決められるものでもない。なにより、サトミも彼氏も、お互い仕事に充実感を感じているし、それぞれひとりでいる時間も存分に楽しめているので、取り立てて結婚したいというわけでもないのが現在の偽らざる心境だ。

特に外資系の企業に転職してみると、サトミと同世代、あるいは年上でも独身の女性が多かった。キャリアウーマンとして仕事に没頭している彼女たちは、他人のプライベートにはほとんど干渉しないし、みな輝いて見えた。そうした職場の環境が、サトミの心を今まで以上に仕事に対して前向きにさせたような気がする。働くことの楽しさをあらためて感じるとともに、最近は「自分らしく生きること」を考えるようになった。

趣味は、食べ歩き。昔からおいしいものには目がなかったが、最近は舌が肥えてきたせいか、以前にも増して美食に対して貪欲になっている気がする。銀座、青山、代官山……。おいしい食事、おいしいお酒が楽しめるのであれば、いろいろなところへ足を運ぶ。友達からの口コミや、雑誌やインターネットから情報を収集するのにも余念がない。彼氏もおいしいものが大好きだから、週末はちょっと贅沢なレストランでのデートが多い。彼と食べものの趣味が合うところは、サトミも気に入っている。

失敗してきたダイエットとホノルルマラソンへの思い

そんなグルメライフのせいか、年齢のせいか、身体のあちこちのたるみが気になってきた。周りの友人たちからは「そんなに太って見えないよ」と言われるけれど、体重だって学生時代から考えたら随分増えてしまった。おいしいスイーツのせいか、お酒のせいか、重力に逆らえない自分の身体を、サトミはいつも恨めしく思う。

となれば、やはりダイエットせざるを得ない。りんごジュースダイエット、キャベツダイエット……。流行りのダイエットをいろいろと試してみた。運動経験が全くないサトミにとって、ビリーズブートキャンプは興味すらわかなかった。こうしてチャレンジしたいくつかのダイエットも、なかなかうまくはいかないもの。一時的には体重が減ったりもするが、その後続かず、かえって体重が増えてしまったケースがほとんど。いわゆるリバウンドだ。

運動が苦手とはいっても、昨今のランニングブームは気になっていた。会社にも、仕事帰りにランニングウエアに着替えて皇居へ走りに行く、先輩ＯＬやおじさん社員がいる。彼らの話を聞いてみると、決して徹底的に節制しているわけでもなく、走り終えたあとはみんなでビールを飲んでから帰ると言う。それでもみな、決して太っている風ではないのだ。

また、サトミの高校時代の同級生が、昨年のホノルルマラソンで完走したという話も耳にした。彼女も運動には全く縁がなかったはずだ。校内のマラソン大会では、いつもふたりで最後のほうをのんびり走って……というより、歩いていた。それどころか、体育の授業では、サトミさえもびっくりするほどの運動音痴ぶりを見せつけていた。フルマラソン完走といえば、相当な体力が必要なはずなのに。そんな彼女がやり遂げたということに、大きな衝撃を受けた。

「ホノルルマラソンを一度は完走してみたい」

テレビ番組を見たときに、ちらっと思ったことがある。それは、いつか富士山を登りたいという思いと近く、できないとは思いつつも、心のどこかでチャレンジしてみたい願望のひとつ、という程度だった。しかし、その彼女の話を聞いて、サトミはふと思ったのである。

「もしかすると私にもできるのかもしれない」

ダイエット。そしてホノルルマラソン完走。ふたつの目標を達成すべく、サトミはついに走りはじめる決意を固めたのだった。

ビギナーランナーに訪れる最初の試練

会社帰りに、書店に寄ってみると、ランニングに関する本や雑誌が山のように置いてあった。昨今のブームが、ここに証明されていた。

並んでいるものはハウツー本が多かったが、サトミが最も気になったのはファッション。やはりせっかく走るなら、可愛いウエアで走りたい。そんな思いで、いろいろと雑誌をパラパラと眺めてみる。現役のトップモデルたちが表紙を飾るランニング雑誌もいくつかある。そうした雑誌の記事を読んでみると、彼女たちはどうやら本当に普段から走っているようだ。健康づくりやダイエットの効果が高いことがわかり、ランニングに対する意欲はますます高まった。

走ることは、小さいころから苦手だった。でも、無意識に走っていた気はする。ただ、どんな風に走ったらいいのかは具体的に教わったことはないし、買った雑誌を読んでも、よくわからないままだ。

やはり、まずは行動あるのみ！　サトミは、早速スポーツショップへ行って購入したランニングウエアに、以前から履いているスニーカーという出で立ちで、ゆっくり近所の公園を走ってみることにした。週に2回、20分〜30分くらい走るのだが、30分以上走ると足首が少し痛むことがあった。

「このままではいけない」

サトミは思った。まずは、この状況を見直さなくては。

足の痛みを防ぐために大切なシューズ選び

会社の先輩女性とランチをしているときに、サトミはランニングをはじめたことを話した。そして、足首の痛みのことも相談してみた。先輩は、10年ほど前にランニングをはじめ、毎年ホノルルマラソンに参加しているランニングフリークとしても社内で有名だったからだ。ランニングにはまっている仲間も、彼女の周りに多いと聞いていた。

その彼女が、「ランニングシューズは必ずきちんとしたものを履いたほうがいいわね」と言う。今のスニーカーも、見た目は大変気に入っていたのだが、走る上ではランニングシューズが断然望ましいそうだ。

ランニングシューズを選びに、あらためてスポーツショップに足を運ぶ。並んでいるシューズの多さは目移りするほど。いろいろなメーカーが、さまざまな種類の色と形のシューズをつくっていることがよくわかる。

ショップの店員に、サトミ自身がまだ走りはじめたばかりだということ、長く走ると足首が少し痛むこと、先輩からシューズはきちんとしたものを選んだほうがいいと言われたことを伝えた。店員さんがすすめてくれたのは、クッション性がよく、カカトの安定性が高いもの。そこで3つほど試し履きをさせてもらい、店内を歩き回って、そのなかの1足に決めた。

公園を走ってみると、たしかにスニーカーとは違う。街履きのスニーカーと比べると随分軽いし、明らかに走りやすい。走った後に気になることがあった足首の痛みも出なくなった。ウエア以上に、シューズ選びがいかに大切かを実感した。

フォームを直して楽に走ることを知る

週に2回のランニングも、1カ月ほどたつと、だいぶ慣れてきた。最初のころは公園を1周すると汗だくだったのが、今なら3周くらいはなんとかできるようになってきた。体重も1、2kgではあるが減った気がする。ただ、走り終わったあとに、今度はヒザが少し痛むようになってきた。走りだしてしばらくすると痛みは引くので、さほど気にならないのだが、今までに感じたことがない痛みのため違和感を覚えずにはいられない。

そこでまた、先輩に相談してみた。

「走るフォームが悪いのかもしれないわね。今度知り合いのランニングコーチがクリニックを開くから参加してみたら?」

と、彼女が親しくしているコーチが行うランニングクリニックに誘ってもらい、参加することになった。

コーチの話を聞くと、サトミのフォームは「腰が落ちていて、無理に進もうとするために脚の力を使って蹴り過ぎるのがよくない」と言う。サトミは、脚で地面を蹴って進むのが、「走る」行為だと思っていたので、その発言に驚かされた。たしかにコーチの言うとおり、腰の位置を落とさないように意識し、脚を上から落とすような感覚を身につけると、今までとは全く違って楽に走ることができる。しかも、軽く走っても、頑張って走っていたのとほとんど変わらないスピードで走れるのだ。これなら、もっと楽に走れる！　サトミは、ますますランニングにはまりそうな予感を抱いていた。

走る楽しさと練習会でのオーバーペース

ランニングをはじめて2カ月、サトミは徐々に身体が変わっていくのを感じていた。体重こそ当初より2kgほど減っただけだが、週に2日のランニングで、腰周りの脂肪が落ち、脚も心なしか引き締まった気がする。フォームを習って意識するようになってからは、ヒザも痛むことがなくなった。

週に2回の練習ではもの足りなくなり、平日に1日、土日はできるだけ2日とも走るようになった。公園を走っていると、木々の緑の薫りを感じて気持ちいいし、仕事のストレスも吹き飛ぶような気がする。週末も午前中に1時間ほど走って、午後からは彼氏とデート。時間も長く使えて充実した1日を過ごせる。彼氏も、「最近肌がきれいになったね」と顔を覗き込んでくるから、サトミもご満悦だ。

「実は私も、ホノルルマラソンにチャレンジしてみたいんです」

あらためて、先輩にサトミの決意を伝え相談すると、賛成してくれた。

「残り3カ月きちんとトレーニングして、完走できる体力をつけないとね。トレーニングメニューを一から考えましょう」

ホノルルマラソン当日から逆算し、基本となるウォーキングからはじめて、きちんと基礎的な体力を養っていくのだという。先輩が考えてくれたトレーニングメニューをこなしていると、ホノルルマラソンに向けて、自分が日々成長していることを実感できるようになった。

そんなある日、先輩が毎週水曜日の夜に皇居で行っている仲間たちとの練習会に誘ってくれた。

ひとりで公園を走るのも、自分と向き合うことができて楽しいのだが、皇居の周回コースを、みんなで和気あいあいと雑談しながら走るのも楽しいものだ。

皇居1周5㎞を30分で走るみんなのペースについて行った。サトミが普段走っている公園は、1周1㎞のコース。これを30分で4周程度だから、いつもより随分と速かったことになる。息をきらしつつもなんとか走りきることはできたが、ついみんなに合わせて走ったせいだろうか、再びヒザに鈍い痛みを覚えた。

「自分のペースを守らないとダメよ」

練習会の前に先輩から受けた注意の意味がようやくわかった。たとえ練習会でも、マイペースで走ることがいかに大切かを知ったのだ。

とはいえ、走り終えたあと、銭湯で汗を流し、みんなで飲んだのだが、このビールの味は格別だった。心地よい疲労感とともに、練習会の楽しさと難しさを知ることができた夜だった。

期待と不安
そして、フルマラソンの喜び

しっかりトレーニングを積んできたとはいえ、42・195㎞はサトミにとって未知の道のり。いよいよ夢見たホノルルマラソンを走れる喜びと期待に包まれる反面、大きな不安に襲われていた。

「今までトレーニングしてきたから、絶対大丈夫！」

毎年ホノルルマラソンを完走している先輩からの励ましもあり、不安を拭い去って、サトミはスタート地点に立った。

朝5時。早朝の真っ暗な空に、何発もの花火が打ち上がる。いよいよスタートだ。

アラモアナ公園のスタート地点から走りだすと同時に、周りのランナーたちは、すごいスピードでサトミを追い抜いていく。「前半はとにかく、我慢してゆっくり走ること」という先輩からの教えを思い出し、ゆっくり進む。市内の繁華街を走っていると、まだ暗いさなかだというのに、多くの人たちが沿道に立ち、声援を送ってくれている。大会に出場している日本人が多いこともあって、あちこちから「頑張れ！」と日本語の声援も飛んでくる。サトミは沿道の声に後押しされながら、5㎞、10㎞と通過していく。

空も徐々に白みはじめてきた。海の向こうから朝日が昇ってくる。ダイヤモンドヘッドを走りながら迎える夜明けに、サトミは感動すら覚えていた。

15㎞を通過し、ハイウェイに入ると、もうすでに先頭集団は折り返し地点を過ぎて、ゴールを目指している様子だ。ハイスピードの先頭集団とすれ違い、その速さにビックリしながらも、サトミは焦らずに前へ進む。

周りには、着ぐるみを着た人や仮装したランナーもいて、お祭り気分。ホノルルマラソンが〝祭り〟である意味がよくわかる。しかしその一方で、景色が単調なハイウェイのコースは、気力が奪われがちになる。沿道からの声援を頼りにしながら、20㎞を過ぎ、中間点を過ぎ、30㎞へと向かう。

30㎞を過ぎたあたりで、立ち止まって屈伸運動をする人、ストレッチをする人をちらほら見かけるようになった。サトミよりもよっぽど体力がありそうな屈強な男性ランナーたちが、数多くへばっているのだ。先輩のアドバイス通りマイペースを守ってきたサトミは、まだ脚も痛くならず、快調に歩を進めることができている。しかし、ゴールまであと10㎞以上あるから、油断は禁物だ。

レース終盤、ハイウェイを下りたサトミの前に、ダイヤモンドヘッドの上り坂が立ちはだかる。40㎞を走ってきた身体は、もちろん疲労しているが、ここでも沿道の声援が「あと少し！」と背中を押してくれる。最後の気力を振り絞ってサトミも必死にゴールを目指した。

残り1㎞。ゴールのカピオラニ公園が見えてきた。沿道の声援も一段と大きくなり、身体が軽くなった。今までの疲労が嘘のように、ゴールへ向かって1歩1歩進んでいく。最後の直線に入り、前方にゴールを示す「FINISH」の文字が見えた。あと少しだ！　サトミはラストスパート。そして、一度も歩くことなく、見事4時間50分でゴールを果たした。

真っ青なハワイの青空に、輝く太陽。暑くて汗だくだけれど、そして、ちょっとした筋肉痛はあるけれど、どこかを痛めたわけでもなく、倒れることもなく、サトミは、見事にフルマラソンを完走できた喜びに包まれていた。

「よかったね！　無事に完走できたね！」

ゴール地点で待っていてくれた先輩も、温かい言葉で祝福してくれた。ふたりで交わした握手、ゴールでかけてもらった貝殻のレイ、そして完走者のみに与えられる完走Tシャツと完走メダル。そして何より、完走によって得た自信。すべてが、サトミの宝物になった。

フルマラソン完走の後で本当に得た宝物

ホノルルでの完走から1カ月。

新年を迎えて、サトミは先輩とランチをしていた。

「お正月、いろいろ食べ過ぎてまた少し太っちゃいました」

笑いながら舌を出したサトミに、先輩が「でもちゃんと走っていれば、すぐにまた身体は戻るから」と笑顔で答える。

ホノルルマラソンの直前、サトミは走り出す前よりも4kg体重が減っていた。しっかり練習を重ねたことで基礎代謝が上がり、健康的に体重を落とすことができた。食事制限のみのダイエットと異なり、走ることさえ続けていれば、体重をキープできる。ご飯はバランスよく食べることができるし、その点では他のダイエット法とは違って、リバウンドが気にならない。ただおいしければいいというのではなく、なるべく身体にいいものを食べようという意識が強くなったのも事実だ。

なにより、気持ちが前向きになったことが大きいとサトミは思う。ホノルルマラソン完走という大きな目標に対して、計画的に練習に取り組んでチャレンジし、そしてケガもなく、大きな疲労もなく実現できた。それも運動がまるっきり苦手だった自分が、である。今やサトミは、自分自身が運動に対して苦手意識をもっていたことを不思議に感じていた。

仕事に対しても、また今後の人生に対しても、大きな自信を得ると同時に、いろいろ新しいことにチャレンジしてみようという気持ちがもてるようになった。

帰国したサトミが完走したことを彼氏に報告すると、彼もあらためて彼女のことを見直したようだ。

「オレも走ってみようかな」

そう言い出した彼に、サトミは、先輩からの受け売りのアドバイスを彼に送った。

「まずはシューズ選びが大事だよ」

次の日曜日のデートは、スポーツショップで……ということになりそうだ。

>>> **ワンポイント解説**

走りはじめの時期には、日ごろの運動不足の影響もあり、ヒザや足首などの関節に痛みが生じやすい。ケガを防止するためにもしっかりとしたランニングシューズを手に入れることが大切だ。初心者だからこそ、クッション性がよく、機能性が高いシューズを購入しよう。

走るフォームは基本中の基本。悪い癖がついてしまわないように注意したい。本や雑誌を読んで勉強したり、練習会などに参加したりして、しっかりとしたフォームを身につけることが重要だ。

また、練習会に参加する際は、周りのランナーのペースに引きずられがち。自分のペースを守って走るように心がけよう。

なぜ6時間？こんな人がターゲットだ！

「ダイエットを目的にランニングをはじめたけれど、より具体的な目標がほしかったので」「友人にすすめられて」「ホノルルマラソンを走ってみたかった」「東京マラソンに出場した知人の応援に行って憧れて」……。

みなさんがフルマラソンに出場してみようと思ったキッカケはまちまちだろう。そして、いざチャレンジしようと思い立ったものの、実際に42・195㎞もの距離を走ってみたら、自分がどれほど疲れてしまうのか、どのようなレースになるのか想像もつかないという人がほとんどだろう。

日本国内で最も人気の高いレースとなっている東京マラソン。その東京マラソンの魅力のひとつは、7時間という国内でもかなり長い制限時間を設けていること。東京マラソンで完走するためには、少なくとも6時間台で走破することが必要だ。また、制限時間がないことで人気の高いホノルルマラソンでは、ゴールする人数が最も多いゾーンが6時間台である。このような状況を考えると、マラソン初心者が最初に目指すのが、この「6時間」になるだろう。運動不足で体力に不安があるが、フルマラソンに挑戦し完走したい、というレベルの人でも、ここで紹介する100日間トレーニングを積み、基礎体力をつければ、必ずこの目標を達成することができる。

6時間で完走するには、平均して1㎞8分32秒というペースで走り続ける必要がある。これはJOGとしても相当遅いペースであり、通常の場合、全部を走っているわけではなく、歩きとJOGを織り交ぜながら完走する場合がほとんどだ。

したがって、このタイムは、さほどトレーニングを積んでいない初心者が目指すもの。ここで紹介するメニューは、ダメージを極力少なくし、マラソンを心から楽しんで完走するために、基礎体力をつけることを目的にしたトレーニングとなっている。

内容は、基礎体力をつけるために、WALK、JOG、LSDの組み合わせが中心だ。その距離や時間を徐々に延ばしていこう。特にWALKが多くなっているが、実際にフルマラソンを6時間で走るときはランニングに近いWALKの状態もあるので、ある程度長い時間、長い距離を歩けるようになっていることが大切だ。

メニューの半分程度でもこなせれば、基礎体力は必ずアップするが、あまり間隔をあけ過ぎてしまうと、せっかくついたはずの体力も元に戻ってしまうので、その点は注意が必要だ。

>>> **初心者のための心得5カ条**

- ●ウォーキングをトレーニングとしてとらえよう
- ●脚づくり、筋力アップが重要な目的
- ●身体への負荷を減らすために、無理をしない程度にダイエットしよう
- ●すべてのトレーニングを完璧にこなそうとし過ぎない
- ●間隔をあけ過ぎないようトレーニングをできるだけ継続する

目標は完走 第1クール 導入期

レース99日前〜84日前／14週間前〜12週間前

このレベルでマラソンの完走を目指すみなさんは「今までほとんど運動をしていなかった」という人が多いだろう。フルマラソンを完走するためには、基礎体力の向上が重要だ。

まずはじめは、「歩くこと」を中心に取り組もう。単なる散歩ではなく、しっかりとウォーキングのトレーニングになるように、意識してなるべく速く歩くこと。

2週目からは、早速JOGもメニューに加わってくる。この時点では、このメニューの通りにJOGはできないかもしれない。それでも心配無用。この段階で無理をしてケガをしてしまえば、早々に練習ができなくなってしまうので、無理はせず歩いたほうがいい。そして、少しずつメニュー通りにこなせるように、徐々に体力をつけていこう。

第1クールの最終目標は、「50分JOG」。

当然、人によって体力はまちまち。最初の時点で5分のJOGも苦しいという人には、この50分JOGは困難なトレーニングだ。ここでも、無理は禁物。**JOGが苦しくなったら、WALKに切り替えてしっかり歩こう。**

メニューをある程度こなせていれば、このわずか2週間余りでも、トレーニングをはじめたころに比べて随分と身体の変化を感じられるはずだ。

初心者　第１クール

レース99日前～84日前／14週間前～12週間前

14週間前	99日前（土）	WALK 40分 (POINT 1)	
	98日前（日）	WALK 60分 (POINT 1)	
13週間前	97日前（月）	休養	導入期
	96日前（火）	休養 or 軽いWALK	
	95日前（水）	WALK 40分　JOG 15分	
	94日前（木）	休養 or 軽いWALK	
	93日前（金）	休養 or 軽いWALK	
	92日前（土）	WALK 30分　JOG 15分	
	91日前（日）	JOG 30分	
12週間前	90日前（月）	休養	
	89日前（火）	休養 or 軽いJOG	
	88日前（水）	JOG 40分	
	87日前（木）	休養 or 軽いWALK	
	86日前（金）	休養 or 軽いJOG	
	85日前（土）	WALK 30分　JOG 30分	
	84日前（日）	JOG 50分 (POINT 2)	

まず、歩くことからはじめよう。

POINT 1
運動不足を解消するために、まずは歩くこと。
歩く距離が延ばせるようになったら、徐々に走ってみよう。

POINT 2
50分間続けて走る。苦しくなったら、WALKに切り替えてもOKだ。

WALK	ウォーキング	JOG	ジョグ	LSD	ロング・スロー・ディスタンス
RP走	レースペース走	持久走	持久走	WS	ウィンドスプリント
BU走	ビルドアップ走	坂D	坂ダッシュ	クロカン	クロスカントリー

目標は完走 第2クール 導入期

——レース83日前〜70日前／11週間前〜10週間前

第1クール同様、導入期のメニュー構成が続く。ただしここでは、第1クールに比べて余裕を感じながら動けるようになっているかどうかを意識しよう。

このクールに入っても、身体のあちこちに筋肉痛などが出てくるだろう。筋肉痛は故障ではないので、休養によって痛みは緩和するはず。また筋肉痛は、筋肉が成長し、体力がついている証拠でもあるので、うまく付き合っていくようにしよう。トレーニング前後の準備運動やストレッチなども効果的だ。あるいはお風呂にゆっくりつかりながら、疲労を感じている部分をマッサージしたり、風呂上がりにストレッチをするなど、筋肉疲労をため過ぎないように注意しよう。

このクールのポイント練習は、日曜日ごとに設定している「50分JOG」だ。

第1クールのときには、JOGが苦しくなったら、WALKに切り替えてもよしとしたが、第2クール最後の日曜日には、50分JOGをぜひ実現したい。**決してスピードは必要ない。ゆっくりと楽に走れるペースで構わないので、50分間、しっかりと走り続けることが大切だ。**

土曜日、日曜日（特に日曜日）に設定しているトレーニングはポイント練習だ。**水曜日に設定している練習は、週末と週末のポイント練習をつなぐための刺激となるブリッジ練習なので、できるだけ休まないようにしよう。**

初心者　第2クール

レース83日前～70日前／11週間前～10週間前

11週間前	83日前（月）	休養	導入期
	82日前（火）	休養 or 軽いJOG	
	81日前（水）	JOG 40分	
	80日前（木）	休養 or 軽いWALK	
	79日前（金）	休養 or 軽いWALK	
	78日前（土）	WALK 30分　JOG 30分	
	77日前（日）	JOG 50分	
10週間前	76日前（月）	休養	
	75日前（火）	休養 or 軽いJOG	
	74日前（水）	JOG 40分	
	73日前（木）	しっかりWALK	
	72日前（金）	休養 or 軽いJOG	
	71日前（土）	WALK 30分　JOG 30分	
	70日前（日）	JOG 50分	

POINT 1（81日前・78日前・77日前・74日前・71日前・70日前）

POINT 2（70日前）

走る距離を少しずつ長くしよう。

POINT 1
土曜日・日曜日がポイント練習、水曜日がブリッジ練習。
週3日の大切な練習なので、なるべく休まないようにこなしていこう。

POINT 2
ゆっくりでいいので、このクールの50分JOGはしっかり走りきろう。

WALK	ウォーキング	JOG	ジョグ	LSD	ロング・スロー・ディスタンス
RP走	レースペース走	持久走	持久走	WS	ウィンドスプリント
BU走	ビルドアップ走	坂D	坂ダッシュ	クロカン	クロスカントリー

目標は完走 第3クール 導入期

――レース69日前～56日前／9週間前～8週間前

第1クール、第2クールと比較しても、少しずつ練習時間が長くなってくる。特に土曜日、日曜日に関しては、「60分WALK＋30分JOG」「60分JOG」といったように、比較的長い時間のトレーニングメニューとなっている。

こうした長い時間、身体を動かすことを習慣づけるようにしよう。だいぶ身体が動くようになってきて、人によっては心地よさを感じてくる時期だ。

また、長い時間運動することで、汗をかく量も増えてくる。運動中に脱水症状などをおこさないように水分をとるなど、水分補給にも注意しよう。

順調にトレーニングを積んでいれば、60分JOGも問題なくできるだけの体力がついているはず。ランナーとまではいかなくても、立派な「ジョガー」である。人によっては、WALKだけではもの足りないという場合も出てくるころだ。しかし、**メニューにWALKが組み込まれている場合は、しっかりと歩くようにしよう。走ることにだいぶ慣れてきた人なら、WALKが走りの基本となっていることを実感できるはず。**走っているときをイメージしながらフォームを意識して歩こう。

成長度合が急で、伸び率が高く、あまりにもこのメニューではもの足りなく感じる人は、ここで目標を高く設定し直し、中級者のメニューに取り組むのもいいだろう。

初心者 **第3クール**

レース69日前～56日前／9週間前～8週間前

9週間前	69日前（月）	休養	導入期
	68日前（火）	休養 or 軽いJOG	
	67日前（水）	JOG 40分	
	66日前（木）	しっかりWALK	
	65日前（金）	休養 or 軽いJOG	
	64日前（土）	WALK 60分 JOG 30分 (POINT 1)	
	63日前（日）	JOG 60分 (POINT 1)	
8週間前	62日前（月）	休養	
	61日前（火）	軽いJOG	
	60日前（水）	JOG 40分	
	59日前（木）	しっかりWALK (POINT 2)	
	58日前（金）	休養 or 軽いJOG	
	57日前（土）	WALK 60分 JOG 30分	
	56日前（日）	JOG 60分	

長時間身体を動かす習慣を身につける。

POINT 1
徐々に走る距離を延ばす。長時間身体を動かす練習を習慣づけよう。

POINT 2
走ることに慣れてきたとしても、WALKの練習日は歩くようにしよう。
WALKが、ランニングの基本だということを実感できるはずだ。

WALK	ウォーキング	JOG	ジョグ	LSD	ロング・スロー・ディスタンス
RP走	レースペース走	持久走	持久走	WS	ウィンドスプリント
BU走	ビルドアップ走	坂D	坂ダッシュ	クロカン	クロスカントリー

目標は完走

第4クール 導入期／リカバリー期

レース55日前〜42日前／7週間前〜6週間前

第4クール前半は、第3クールと同様の練習メニュー。後半にははじめて、「リカバリー」という概念が出てくる。第5クール以降、トレーニングの量もさらに増えてくる。今まで頑張ってきた蓄積疲労もあるので、ここで一度身体を休めよう。

雨が続いた（カッパを着て練習したり、ジムでトレッドミルを走ることもできるが）、風邪をひいた、出張が入ったなどと、思ったように練習時間を確保できないこともある。ここまでのトレーニングが順調にこなせなかったために、疲労はたまっていないという人もいるだろう。しかし、この時期のリカバリーは、「レースから逆算してのもの」。レースに向けてしっかりとしたトレーニングを積んでいくためにも、身体をリセットする必要がある。完全に何もしない休養ではなく、練習量が相対的に減っているだけなので、必ずリカバリーを実践して、次のクール以降に備えてほしい。

とはいえ、この時点で全く予定通り練習が積めていない場合、今後メニュー通りにトレーニングすると体力不足でケガをしてしまう場合もある。第3クール以前の練習メニューを参考にして、トレーニングを組み立て直したほうがいいケースもある。

また、このリカバリー期は、練習量が減り体重が増えやすい時期でもある。暴飲暴食などは禁物。ウエイトコントロールにも気をつけよう。

初心者 **第4クール**

レース55日前～42日前／7週間前～6週間前

週	日	メニュー	期
7週間前	55日前（月）	休養	導入期
	54日前（火）	休養 or 軽いJOG	
	53日前（水）	JOG 40分	
	52日前（木）	しっかりWALK	
	51日前（金）	休養 or 軽いJOG	
	50日前（土）	WALK 60分　JOG 30分	
	49日前（日）	JOG 60分	
6週間前	48日前（月）	休養	リカバリー期
	47日前（火）	休養 or 軽いWALK	
	46日前（水）	JOG 40分	
	45日前（木）	休養 or 軽いJOG	
	44日前（金）	休養	
	43日前（土）	WALK 90分	
	42日前（日）	JOG 40分	

POINT

はじめてのリカバリー期。しっかり身体を休めよう。

POINT

トレーニングを積み重ねてきたため、疲労もたまっている。
しっかり身体を休めよう。
リカバリー期はウエイトが増えやすい。食事などの体重管理に要注意。

WALK	ウォーキング	JOG	ジョグ	LSD	ロング・スロー・ディスタンス
RP走	レースペース走	持久走	持久走	WS	ウィンドスプリント
BU走	ビルドアップ走	坂D	坂ダッシュ	クロカン	クロスカントリー

目標は完走

第5クール 身体づくり期

レース41日前〜28日前／5週間前〜4週間前

今までの導入期は、最低限の基礎体力をつけることが目的のトレーニングだった。ここからは、いよいよ「フルマラソンを完走するための体力づくり」である。3週間しっかりとトレーニングし、1週間リカバリーを行うことによって、レースに対する「ピーキング」の概念もより強く意識されてくる。

第5クールのポイント練習は、日曜日のLSDだ。最初の週は70分。次の週は90分。今までには経験したことのないような長い時間のランニングとなり、必然的に走る距離も長くなる。

また、平日のJOGの回数が増えるなど、全体的に距離と頻度が少しずつ増え、トレーニングはハードになってくる。人によっては相当な疲労を感じるケースもあるだろうが、故障しないように注意しながら、しっかりと練習をこなしていこう。

LSDを行っている間は、身体が軽く感じたり、重く感じたり、途中でつらくなったりと、状況はさまざまに変化するはず。身体が軽く感じられればいいわけでもないが、走り終えたときに爽快な疲労感があればOK。理想は、余裕をもってLSDをできることだ。

もし、ずっときつく感じてしまう場合は、第4クールまでの練習をさぼっていなかっただろうか？　今一度自分の練習を振り返ってみよう。

初心者 第5クール

レース41日前～28日前／5週間前～4週間前

5週間前	41日前（月）	休養	身体づくり期
	40日前（火）	しっかりWALK	
	39日前（水）	JOG 60分	
	38日前（木）	JOG 40分	
	37日前（金）	休養 or 軽いJOG	
	36日前（土）	WALK 60分 JOG 30分	
	35日前（日）	LSD 70分	
4週間前	34日前（月）	休養	
	33日前（火）	しっかりWALK	
	32日前（水）	JOG 60分	
	31日前（木）	JOG 40分	POINT
	30日前（金）	休養 or 軽いJOG	
	29日前（土）	WALK 60分 JOG 30分	
	28日前（日）	LSD 90分	

LSDで自分の走力をステップアップ！

POINT

「70分」「90分」という長時間・長距離の練習が増えてくる。
ゆっくりでいいので、歩かずにしっかりと走りきろう。
余裕をもってLSDに取り組み、走行中の感覚の変化を感じとろう。

WALK	ウォーキング	JOG	ジョグ	LSD	ロング・スロー・ディスタンス
RP走	レースペース走	持久走	持久走	WS	ウィンドスプリント
BU走	ビルドアップ走	坂D	坂ダッシュ	クロカン	クロスカントリー

目標は完走 第6クール 身体づくり期／リカバリー期

レース27日前〜14日前／3週間前〜2週間前

初心者のみなさんにとって、この一連のトレーニングで最もハードな練習となる「100分LSD」が、第6クール最大のポイント練習だ。

確かに相当ハードな印象を受けるだろうし、実際につらい練習になると思うが、今まできちんとトレーニングが積めていれば必ず達成できる。また、できてしまえば、心地いい疲労感と達成感に包まれ、レース本番に向けても、大きな自信が得られるはずだ。

第5クールから3週間連続のハードトレーニングになるので、身体も相当重く感じてくる時期だろう。しかし、心配は全く無用。重く感じるくらいが、しっかりトレーニングを積み、力になっている証拠だ。レース本番では、必ず気持ちよく走ることができる。

なお、第6クール後半には、リカバリー期が用意されている。リカバリーの週前半では、しっかり身体を休めて、疲労をとり除こう。レース15日前に当たる土曜日の**「90分WALK」は、ここまで鍛えてきた筋力を落とさないことが目的のトレーニング。**速めのペースでしっかりと歩こう。トレーニングの負荷を下げつつも、ある程度の練習時間を確保することにより、身体を動かしながら疲労をとっていくという「積極的休養」を意識するのだ。

初心者　第6クール

レース27日前～14日前／3週間前～2週間前

3週間前	27日前（月）	休養	身体づくり期
	26日前（火）	しっかりWALK	
	25日前（水）	JOG 60分	
	24日前（木）	JOG 40分	
	23日前（金）	休養 or 軽いJOG	
	22日前（土）	WALK 60分　JOG 30分	
	21日前（日）	LSD 100分　POINT 1	
2週間前	20日前（月）	休養	リカバリー期
	19日前（火）	休養 or 軽いWALK	
	18日前（水）	JOG 40分	
	17日前（木）	休養 or 軽いWALK	
	16日前（金）	休養 or 軽いJOG	
	15日前（土）	WALK 90分　POINT 2	
	14日前（日）	JOG 40分	

100分LSDと90分WALKで自分の力を最終確認。

POINT 1
一番ハードな練習だが、ぜひ達成してレースに向けた自信にしたい。

POINT 2
身体の疲労を抜くリカバリー期だが、速めのペースでしっかりWALK。
長い時間歩き、鍛えてきた筋力を落とさないようにしよう。

WALK	ウォーキング	JOG	ジョグ	LSD	ロング・スロー・ディスタンス
RP走	レースペース走	持久走	持久走	WS	ウィンドスプリント
BU走	ビルドアップ走	坂D	坂ダッシュ	クロカン	クロスカントリー

目標は完走 第7クール 調整期

レース13日前～レース当日／1週間前～レース当週

ここまでトレーニングを進めてきたら、最後の2週間は調整期だ。「身体の疲労をとること」「身体に今までの練習の成果を思い出させること」が、この2週間での最大のテーマ。最高の状態でレースに臨めるよう、体調を整えよう。

第7クールのポイント練習は、レース7日前の日曜日に設定している90分LSDだ。次の週に走るレースをイメージしながら、ゆっくりしっかり走ろう。ここまでの調整が順調にできていれば、90分でも苦しさはほとんど感じることなく、かなり楽に走れるはずだ。

レース前日は、興奮して気持ちもはやると思うが、走って疲労をためてしまうのは禁物。とはいえ、身体には刺激を与えておきたいので、90分間しっかりウォーキングをしよう。そして、よく睡眠をとり本番に備えよう。

順調にトレーニングができている人ほど、身体もだいぶ絞れてきていることも想定される。レース本番が寒い時期の場合などには風邪をひきやすい。そうした体調管理にも十分に注意が必要だ。

ここまでしっかりとしたトレーニングをこなせていれば、6時間での完走はまず間違いない。自信をもって、レースに臨んでほしい。

初心者　第7クール

レース13日前〜当日／1週間前〜レース当週

1週間前	13日前（月）	休養	調整期
	12日前（火）	しっかりWALK	
	11日前（水）	JOG 60分	
	10日前（木）	JOG 40分	
	9日前（金）	休養 or 軽いJOG	
	8日前（土）	WALK 60分　JOG 30分	
	7日前（日）	LSD 90分（POINT 1）	
当週	6日前（月）	休養	
	5日前（火）	休養 or 軽いJOG	
	4日前（水）	JOG 40分	
	3日前（木）	JOG 40分	
	2日前（金）	休養	
	1日前（土）	WALK 90分（POINT 2）	
	マラソンレース　当日		

最高の状態でレースへ。体調を整えよう。

POINT 1
レースで走る自分の姿をイメージしながら、ゆっくり走ろう。

POINT 2
翌日のレースに向けて興奮する気持ちを落ち着けよう。
疲労をためないよう走らず歩こう。しっかり睡眠をとりレースに挑みたい。

WALK	ウォーキング	JOG	ジョグ	LSD	ロング・スロー・ディスタンス
RP走	レースペース走	持久走	持久走	WS	ウィンドスプリント
BU走	ビルドアップ走	坂D	坂ダッシュ	クロカン	クロスカントリー

第4章

目指せ、サブ4　4時間以内で完走する！

中級者マラソントレーニング

STORY

東京マラソン チャレンジドキュメント
「メタボからの脱出」

＊本編は、これまで私が教えてきた経験を元に作成したフィクションです。よく見受けられる欠点や失敗例、そして克服法などを盛り込んでいるので、十分参考にしてください。

「やった！ ついにプラチナチケットをゲットしたぞ」

今度こそ、いい走りでサブ4を。田中は決意した。

田中は都内の大手メーカーに勤める会社員。20人の部下をもつ課長だ。今年で42歳、後厄ということになる。家族は3歳年下の妻と小学生になるふたりの息子。4人で郊外のマンションに暮らしている。

現在ではランニングを趣味にしている田中も、2年前までは、運動とは疎遠になっていた。学生時代は野球部に所属し、日々汗を流していた。社会人になってからも、独身時代はたまの休日に草野球を楽しんでいたものだ。しかし、結婚し、子供が生まれ、郊外に移り住んでからは、草野球に出かけることもなくなった。

走り出したのは2年前のこと。不惑の年を迎え、すっかりメタボリックシンドロームの一員となっていた田中だったが、その身体について医者からはっきりと咎《とが》められたのがキッカケだった。仕事や家庭でのストレスは、決して少なくないという自覚は元々あったが、「タバコを減らし運動をしないと、さまざまな成人病に対する潜在的な危険が表面化し、命に関しても保証はできない」と脅されたのだ。

しかし、スポーツジムに通うにもなかなか時間がとれないし、今さら野球仲間を探すのも一苦労だ。そんなとき、耳にしたのが「東京マラソン開催」のニュース。「オレもあの東京のど真ん中を走ってみたい」という思いが、田中をランニングへと駆り立てた。

田中が「走る」と決めた当初は、「お父さん、ちゃんと続くの？」と懐疑《かいぎ》的に笑っていた妻だったが、メタボ解消にもつながるということで大賛成だった。ヘルシーでバランスのいい食事を心がけてくれ、昼は弁当をつくって持たせてくれた。夜も外食を極力減らし、早めの帰宅を心がけるようになった。

メタボ解消のために
はじめたウォーキング

走ると決めた田中は、早速ネットで情報を収集した。ビギナー向けの情報から、ランニングフリークのブログまで、さまざまな情報が溢れていた。どの情報を信じればいいのかよくわからなかったが、元々体力には自信があったし、学生時代に野球をやっていたころは、よく走らされていた。少し慣れればある程度は走れるはずだろう。そんな思いを胸に、近所の河原《かわら》を毎朝20分ほど走ることにした。思っていた以上に身体は重く、すぐに息が上がり、汗だくになる。とはいえ走りはじめてすぐに音を上げるわけにはいかない。田中は早朝ランニングを毎日続けた。

しかし、走り出して2週間、ヒザと腰に思いがけない激痛を感じたのである。すぐに医者に診てもらった。医者からは、急な運動による疲労なので、しばらく安静にするように、と言われた。2週間ほど休むとたしかに痛みも和らいだので走ってみるが、また同様に激しい痛みに襲われる。これではランニングを習慣にすることができない。

ランニング好きの同僚にその話をしてみたところ、フォームのせいではないかという。「走る」という単純な行為だからと侮《あなど》らず、ランニングに関する本をしっかり読んだほうがいいとすすめられた。そこで、本を3冊購入し、じっくり研究してみた。どうやら、フォームを気にせず、いきなり走ったのがよくなかったようだ。

まずは、無理せず歩くことからはじめ、食事制限を含めて体重を減らすことに注力した。メタボだということは、ある意味無駄に太っていたということだ。180㎝、100kgという巨漢になってしまっていた身体を、3カ月で8kgの減量に成功した。体重が軽くなったことで、日々のウォーキングも楽に感じるようになってきた。

トレーニングの習慣化とフルマラソンへの挑戦

しっかりとウォーキングができるようになった田中は、ゆっくりとしたジョギングを交えながら、徐々に走る量を増やしていった。本で学んだフォームを意識しながら、走るように努めた。無理がないように、ウォーキングとジョギングを交えて運動しているうちに、次の3カ月で体重はさらに4kg落ち、90kgをきった。2日に1日程度のトレーニングは習慣化し、すっかりジョガーとしての自信もついてきた。同僚に誘われて、秋にハーフマラソンに出場した。初のハーフマラソンだったが、1時間58分と2時間をきるタイムでゴール。ハーフマラソンとはいっても、完走した充実感は大きく、仲間との打ち上げは楽しいひとときだった。マラソンの楽しさをあらためて実感した。

年が明け、走り出すきっかけとなった東京マラソンは、抽選に当たらず出場はかなわなったものの、春のかすみがうらマラソンに出場することにした。

ハーフマラソンの結果と、その後、半年の練習の積み重ねを考え、4時間程度でのゴールを目指しチャレンジした。後半のスタミナには一抹の不安が残ったものの、1年以上の練習を積み、随分走れるようになってきた実感もある。ひそかに自信をもって臨んだ。ある程度前半からスピードを上げていって貯金をつくり、苦しくなったら持ち前のガッツで粘る作戦だった。

30㎞地点までは普段より調子よく、2時間40分ほどで走った。サブ4も夢ではないと思われたが、そこでヒザに痛みを感じ、止まってしまった。痛みをこらえ、歩きながらのゴールとなり、タイムは4時間30分。最後の12㎞で2時間弱かかってしまった計算になる。田中にとっては、ほろ苦いフルマラソンデビューとなった。

二度目のフルマラソンとレースでの苦い思い

結果こそ満足ではなかったが、フルマラソンを完走した田中を、妻とふたりの息子が祝福してくれた。たしかに以前のメタボな自分を考えれば十分な進歩だった。ヘトヘトになったとはいえ、フルマラソンを完走したことは自信になったし、家族のありがたさをあらためて実感した。

レースでのヒザの痛みがしばらく残ったが、徐々に痛みが引くにしたがい、またジョギングを再開した。暑い夏場は、なかなか長い距離を走ることはできなかったが、涼しくなったらもう一度フルマラソンにチャレンジしたいと思うようになっていた。

11月。つくばマラソンにエントリーした。二度目のフルマラソンで、さらに積み重ねたランニングの成果を発揮し、今度こそ4時間切りを果たしたいと意気込んでいた。体重も85kgとかなり絞れ、自信をもってレース当日を迎えた。

レースがはじまった。30kmまでは前回を上回る2時間30分といういいペースで行けたのだが、今度はここで脚がつった。立ち止まってストレッチなどをしてみたが、痛みでペースが全く上がらない。結局、4時間20分でゴール。自己ベストは更新したものの、またしても目標達成とはならなかった。

「30㎞の壁」ということばを耳にしたことはあった。フルマラソンに二度挑み、二度とも同様のトラブルに見舞われたことで、田中はショックを受けるとともにマラソンの怖さと難しさをあらためて痛感していた。

「このままではいけない」

田中は思った。この状況を見直さなくては。

自分のペースをあらためて把握する

田中は、会社の同僚に相談してみた。彼はすでに10年以上走っているベテランランナーで、試行錯誤を重ねた末にサブ4を果たし、最近ではサブ3も達成した市民ランナーだ。ゆえに、田中の悩みもよくわかる。

彼は、「練習メニューを見直してみてはどうか」と言った。また、「ただ単に、同じペースで走るだけではなく、いろいろなペースで走る練習が重要なんだ」とも続けた。

確かに、田中が今まで積み重ねてきた練習は、もっぱらジョギング。週に3日から4日程度、家の近所の河原を30分から1時間走る。時間のある休日には、2時間走る日もあった。ただ、走るペースに関しては、息がきれない程度のペースで、ジョギングするケースがほとんどだった。

しかし彼は、もっと短い時間でいいから速く走る練習や、逆にもっとゆっくりでいいからもっと長く走る練習など、バリエーションを増やす必要があると言うのだ。練習の際に、ペースのバリエーションを加えようということになったのだが、ここで新たな課題が明らかになった。

「そもそも君は、1km何分で走っているの？」

彼からのこの質問に、田中は答えることができなかった。レースのときはランニングウォッチを見ながら走るので、1kmあたりのペースはわかるのだが、普段の練習のときには、それほどペースを細かく気にしたことはなかったのだ。今までよりももう少し遅くとか、もう少し速くという大まかな感覚ではなく、1km何分で走っているのかというペースを細かく把握して走ることが重要だと諭《さと》された。

田中は、普段走っている河原に、1㎞ごとに距離が表示されている案内板があることに気づいた。そこで、案内表示を頼りに、1㎞ごとのタイムをチェックしながら5㎞をいつものジョギングのスピードで走ってみた。すると1㎞ごとに6分5秒、6分、6分13秒、5分52秒、6分8秒というペースで、トータル30分20秒だった。

これによって、普段大体1㎞6分前後で走っていることが判明した。また、自分ではずっと一定の速さで走っているつもりだったが、少々前後していることにも気づいた。特に3㎞から5㎞にかけては、ペースのアップダウンが大きかったことがわかった。

バリエーション練習で走力アップを図る

ペースがわかったところで、再度同僚にトレーニングメニューを相談した。すると彼は、１km５分程度のやや速いペースで走るトレーニングや、逆にもっとゆっくりと１km７分で２時間走るＬＳＤなど、日によってトレーニングに幅をもたせるようにアドバイスしてくれた。

田中はこれまで、ただ単に苦しくなく走りやすい、なるべく一定のペースで走ることを心がけてきた。しかし同僚いわく、ペースを意識しながら、より速いペース、より遅いペースを身体にしみ込ませることが重要だという。

日によってペースを変えて走ることで、いつもと同じように河原を走っている練習でも、新たな楽しみを感じている自分に気がついた。田中が行っている練習は、知らず知らずのうちに、マンネリ化していたのかもしれない。トレーニングにバリエーションを加えることによって、走る楽しみが増えたのだ。

また、１kmあたりのスピードを把握することによって、自分が走りやすい適正ペースをつかむことができるようになった。たとえば、１kmあたり５分のペースの場合、ある程度は心地よく走れるのだが、10km走ったときの疲労は大きく、息も上がり、自然に６分近くまでペースが落ちてしまう。一方、はじめから１km６分15秒のペースであれば、ほぼ一定のペースで20㎞走っても息が上がらず、かなり余裕があることがわかったのだ。サブ4を目指す田中にとって、フルマラソンを走る際の目標ペースは5分40秒。このペースを、なるべく楽に走れるようになることが直近の目標であると意識できるようになった。

同僚が言っていた「ペースの把握が最大のポイントだ」という言葉の意味が、ここへきて身にしみて理解できるようになった。

そんなときに、東京マラソンへの出場が決まった。ついにプラチナチケットをゲットしたのだ。田中のモチベーションは、グッと高まった。出場を夢見たこの大会で、目標のサブ4を達成したい。その気持ちがマラソン練習を一層楽しいものにさせていた。

オーバーペースを防ぐには前半の走りがカギになる

いよいよ、東京マラソン当日を迎えた。この日のために練習に励んできたのだ。フルマラソンは3回目のチャレンジ。田中は過去二度とも、前半のオーバーペースがたたり、サブ4という目標は達成できなかった。まさに三度目の正直だ。今度こそ同じ轍《てつ》を踏むわけにはいかない。

体重は82kg。万全の体調で挑むことができた。東京都庁がそびえる西新宿のスタート地点に立つと、3万人を上回る多くのランナーの熱気で、田中の興奮は最高潮に達した。そして、午前9時10分。都知事の号砲とともにレースはスタートした。

田中にとって、1km5分40秒でゴールまで走り続けることが目標ペースだ。しかし、スタート直後の5kmは、1kmを6分ペース、30分かけてあえてゆっくりと走りはじめるのが、このレースでの作戦だった。東京マラソンはほぼ平坦なコースだが、スタート直後の約6kmが緩やかな下り坂となっている。そうでなくてもスタート直後は、興奮ではやる気持ちと周りのランナーたちのハイペースにつられ、オーバーペースになりやすい。この下り坂で一気に行ってしまえば、今まで同様、後半の失速につながってしまうことは明白だ。1㎞6分ペースは、練習でもかなり楽に感じるスピード。気持ちを落ち着かせてゆったりと前半を走り、レースの後半で勝負する気持ちで臨もうと考えていた。

10㎞地点の日比谷公園を通過し、東京タワーの脇を通り、品川へ向かう。このころには1㎞5分40秒ペースをキープしていた。自分を追い抜いていくランナーがいると、つい追いかけたくなる気持ちは多少あるが、いつもの失敗を繰り返したくないという気持ちが強かった。今回は、マイペースでしっかりと我慢するのだ。

また、気温が低いとはいえ、すべての給水ポイントで水をとることも心がけた。品川で折り返し、20㎞地点、日比谷まで戻ってきたときも、まだまだ十分に気持ちと身体には余裕があった。脚の痛みもまったくないどころか、身体もだいぶ軽く感じられる。

銀座のど真ん中で、堂々と車道を走る。大声援が勇気を与えてくれる。これが東京マラソンの醍醐味なのだろう。

日本橋を抜け、浅草へ向かう。雷門前は、銀座に負けず劣らずの人だかりだ。コース両側からかけられる大声援のトンネルをくぐり抜けるように走りながら、田中はスター気分を味わっていた。この大会に参加できた喜びを感じながら、走っていた。こんな気持ちになるのは、マラソン3回目にしてはじめてのことだ。

浅草で折り返すと、再び銀座へ向かって戻っていく。ペースは快調。1km5分のペースに上がっていた。30km地点を2時間48分で通過。過去二度のマラソンでは、30kmを通過した時点でかなりつらく感じたが、今日はいいペースで来ている分、随分楽だ。普段なら浅草の大声援でも、スター気分にひたれないほど疲労していたはず。しかし今日は違う。残り12km、終盤の走りにも期待がもてそうな力がみなぎっている。田中は明らかな手ごたえを感じていた。

35km。銀座を通過し、大声援も少なくなり、レース終盤の難所、佃大橋《つくだおおはし》を迎えた。多少疲労も感じてきたが、脚の痛みはほとんどない。橋の上では、田中と同じようなペースで走っているランナーは少なくなり、前を走る疲労したランナーたちをごぼう抜き状態で交わしていく。

残り2㎞、ゴールの東京ビッグサイトが見えてきた。倉庫街へと差しかかり、沿道の応援はだいぶ少なくなったが、田中はゴールを目指してラストスパートをかけた。だいぶバテてはきたものの、まだまだ足どりは軽い。

そしてついにゴール! タイムは3時間53分。田中は、念願のサブ4を達成したのだ。周囲のサブ4ランナーたちと、互いの健闘を称《たた》え合い、握手をかわした。レインボーブリッジの向こうに、どこまでも続く青空が広がっていた。

東京マラソンの感動と目標達成の喜びを味わって

レースを終えて、家族が田中を見る目は、大きく変わった。メタボを気にしていた田中が20kg近い減量を実現し、今回のレースを目標に練習に励んできた。そして、現実にサブ4という目標を達成した姿を、家族はずっとそばで見守ってきたのだ。

田中の頑張りを最もよく知っていたのは家族だった。

妻はふたりの息子を連れ立って、東京マラソンの沿道に応援に来てくれていたらしい。父の激走を目の当たりにした息子たちは、「パパ、格好よかったよ」と称えた。妻も「お父さん、頑張った甲斐があったね」と労をねぎらった。レース後の田中家の食卓は、祝福ムードに包まれた。

東京マラソンを走った影響は、思っていた以上に大きかった。急激にやせていく様子を見て、はじめは病気ではないかと心配していた部下たちも、東京マラソンでのサブ4を知り、口々に賞賛した。仕事で取引先に行っても、必ず東京マラソンのことが話題になった。レース前から、

「田中さん、東京マラソンに出るんですよね？」

と聞かれる機会が多かったが、実際に大会がテレビ中継されたり、新聞や雑誌で数多く取り上げられたこともあって、レース後は話題になることがさらに増え、仕事にもいい影響を及ぼした。

「ぜひ、みなさんも一度チャレンジしてみてください」

田中は必ずそう答えた。自分が目標を達成した喜びと同時に、沿道からの声援で得た感動が忘れられなかった。給水地点で水や食料の準備をしてくれていた大勢のボランティアの温かさを感じた。3万人を超えるランナーたちが東京の道をジャックして、大都会の街中を駆け抜けるお祭りは、日常では味わえない興奮を体験する場だった。実際、田中自身、もう一度東京の街を走りたいと思ったし、それ以上に、多くの人たちにあの感動を味わってほしいと感じたのだ。

サブ4を達成した今、次の目標は「3時間半をきること」になりそうだ。マラソンの目標は決して尽きることがない。ランニングストーリーはまだ序章に過ぎないのだ。そして、またいつか東京マラソンを走り、あの感動を再び味わう日を夢見て、田中は今日も走り続ける。

>>> **ワンポイント解説**

マラソンは、スタートからゴールまで42・195㎞にわたり、自分自身の体重を移動していく競技だ。練習を重ねている内に、自然と体重は減っていく傾向にあるだろうが、食事などにも気を遣い、体重管理に努めよう。

また、ペースの把握もマラソンにおいて大切な要素のひとつだ。まずは、1㎞あたり何分かけて走っているのか、距離とタイムを計測しよう。その上で、距離やスピードにバリエーションをもたせたトレーニングに取り組むと効果的だ。

レースでは、スタート直後のオーバーペースに注意が必要だ。体調がレースに向けてベストに整えられ、興奮もピークに達すること、他のランナーたちのペースに影響を受けることなどがオーバーペースの原因。前半のペースが速くなり過ぎないよう意識的に抑えて走ることで、はじめてイーブンペースを守ることが可能になる。

なぜ4時間?こんな人がターゲットだ!

フルマラソンに出場し、見事完走を果たしたランナーには、完走という達成感だけではなく、ゴールタイムという結果もついてくる。これは、練習での努力やレースプランや技術の総合的な成果だといえよう。次にチャレンジするときには、もっといいタイムでゴールしたいという気持ちになるはずだ。走ることが習慣化し、すでにしっかりとジョギングができるようになった市民ランナーにとって、マラソンのレースで最初に訪れる壁が「4時間」だといえる。しっかりと練習をしないときれそうできれないこのタイムは、ゴルフのスコアでいう「90の壁」。あるいは「100の壁」と似ているかもしれない。

国内で行われている多くの市民マラソン大会の制限は5時間が主流だ。もちろん、東京マラソンは7時間、湘南マラソンは6時間と、制限時間が緩いレースもある。しかし、多くのレースの制限時間が5時間であることを考えれば、「4時間台」までのゴールは単なる「完走」に過ぎないともいえる。サブ4すなわち4時間をきり、「3時間台」という記録を実現させるためには、単なる「ジョガー」としてJOGを楽しんでいるレベルから脱皮し、もう1ステージ段階を上がり、いっぱしの「ランナー」へと成長を遂げなければならないのだ。

単純にJOGのペースで走っていただけでは、この4時間をきるペースにはならない。4時間で完走するには、平均して1㎞あたり5分40秒ペースで走り続けなければならないのだ。そのためには、しっかりした計画の下、トレーニングに励まないと達成できない目標だといえる。

まずはトレーニング導入期、ランナーとしての身体の基礎づくりにじっくり時間をかけて取り組むことが重要だ。それは、ある程度の体力、脚力が備わっていないと、ハードになってくるトレーニングに対応できないからだ。

また、最高の状態でレースに臨めるようレース当日に体調・体力をピークに仕上げていく「ピーキング」は、ただ完走を目指す場合と違って非常に重要となる。トップアスリートが実践している練習のエッセンスを取り込んでいくことになり、より「トレーニング」らしいものになってくる。マラソントレーニングの醍醐味を味わうことになるだろう。

>>> **中級者のための心得5カ条**

- 脚づくり、筋力アップに時間をかけよう
- いろいろなトレーニングメニューを複合的にこなそう
- トレーニングの意味を考えよう
- レースペースを身につけよう
- レースに向けたピーキングを意識しよう

目指せ、サブ4　第1クール　導入期

――レース99日前〜84日前／14週間前〜12週間前

このレベルでトレーニングに励む人は、すでにジョギングはできているはずだ。どのようにステップアップしていくのか、レース本番に向けて変化していくプランの全体像をつかんだ上で、トレーニングに取り組もう。

まずこの時期は、マラソンを走るための導入期。週に3〜4回は、コンスタントに身体を動かすようにしたい。仕事で忙しく、メニュー通りのトレーニングがなかなか思うように実践できない人でも、最低限、週末はしっかり身体を動かそう。特に、週末に計画されているJOG、JOG＋ウィンドスプリント（WS）、LSDといった練習は、しっかりこなす癖をつけたい。

WSは今まで経験したことがない、という人も多いはずだ。どのようなものかを、身体にしみ込ませるためにも、はじめは本数が少なくて構わないので、少し速く走る動きを取り入れよう。大きなフォームで、風を感じながら気持ちよく走ることが大切だ。

また日曜日には、90分LSDを組み込んでいる。このくらいのLSDは基本的にこなせる前提で、今後の練習が進んでいく。この時点で60分程度しか走れない人も、ゆっくりで構わないので、90分連続して走れるように頑張ろう。「つらい」「難しい」と感じてしまう人もいるだろうが、身体は徐々に慣れてくる。できる範囲でチャレンジしてみよう。

中級者　第１クール

レース99日前～84日前／14週間前～12週間前

週	日	メニュー	WS
14週間前	99日前（土）	WALK 40分	
	98日前（日）	WALK 60分	
13週間前	97日前（月）	休養	
	96日前（火）	休養 or 軽いJOG	
	95日前（水）	WALK 40分	WS 3本
	94日前（木）	休養 or 軽いJOG	
	93日前（金）	休養 or 軽いJOG	
	92日前（土）	JOG 40分	WS 3本
	91日前（日）	LSD 90分	
12週間前	90日前（月）	休養	
	89日前（火）	休養 or 軽いJOG	
	88日前（水）	JOG 40分	WS 3本
	87日前（木）	休養 or 軽いJOG	
	86日前（金）	休養 or 軽いJOG	
	85日前（土）	JOG 40分	WS 3本
	84日前（日）	LSD 90分	

POINT 1　POINT 2　導入期

身体を動かす癖をつけよう！

POINT 1
週に3～4回身体を動かそう。最低限、週末はしっかり走りたい。

POINT 2
WSは大きなフォームをつくるのに効果的なトレーニング。
慣れない練習かもしれないが、積極的に取り組もう。

WALK	ウォーキング	JOG	ジョグ	LSD	ロング・スロー・ディスタンス
RP走	レースペース走	持久走	持久走	WS	ウィンドスプリント
BU走	ビルドアップ走	坂D	坂ダッシュ	クロカン	クロスカントリー

目指せ、サブ4

第2クール 導入期／リカバリー期

レース83日前～70日前／11週間前～10週間前

前半については、第1クール同様のメニューだ。同じようなメニューだが、しっかりと練習がこなせていれば、第1クール当初よりも楽に走れるようになっていると実感できるはずだ。

今後の練習がハードになってくることを想定しながら、しっかりとした基礎体力づくり、脚力づくりのための、メニューをこなしていこう。

第2クール後半には、早くもリカバリー期が設定されている。ここまでの練習メニューについての疲労レベルは、人によってまちまちだろうが、まださほどハードな練習ではないので、強い疲労を感じていない人もいるだろう。

しかし、トレーニングにはメリハリが大切。レース本番で最高のパフォーマンスを発揮できるように、体調のピークを調整するための「ピーキング」の概念を意識してメニューは組まれている。次のクールから練習も一段とハードになってくるので、この期間でしっかり身体を休めておこう。

また、**リカバリーとはいっても、90分LSDが60分JOGになっている程度。それでも、実際にこの程度のメリハリをつけるだけで、随分と身体が楽になって、疲労が抜けたように感じるはずだ。**ここは焦らず身体に少し楽をさせることを意識しながら、メニューを消化していきたい。

中級者 第2クール

レース83日前〜70日前／11週間前〜10週間前

11週間前	83日前（月）	休養	導入期
	82日前（火）	休養 or 軽いJOG	
	81日前（水）	JOG 40分 WS 3本	
	80日前（木）	休養 or 軽いJOG	
	79日前（金）	休養 or 軽いJOG	
	78日前（土）	WALK 40分 WS 3本	
	77日前（日）	LSD 90分	
10週間前	76日前（月）	休養	リカバリー期
	75日前（火）	休養 or 軽いJOG	
	74日前（水）	JOG 40分	
	73日前（木）	休養 or 軽いJOG	
	72日前（金）	休養	
	71日前（土）	JOG 60分 WS 5本	
	70日前（日）	JOG 60分	

POINT 2

POINT 1

決して焦らず、身体に少し楽をさせよう。

POINT 1
レースまでのピーキングを考え、疲労がなくてもリカバリーを意識しよう。

POINT 2
リカバリーのために負荷が軽くなっているのは、90分LSDが60分JOGになった程度。
これでも、随分身体が楽になっているのを感じることができるはずだ。

WALK	ウォーキング	JOG	ジョグ	LSD	ロング・スロー・ディスタンス
RP走	レースペース走	持久走	持久走	WS	ウィンドスプリント
BU走	ビルドアップ走	坂D	坂ダッシュ	クロカン	クロスカントリー

目指せ、サブ4 第3クール 身体づくり期

――レース69日前〜56日前／9週間前〜8週間前

ここから本格的な身体づくりがはじまる。トレーニングはよりハードになり、メニューのバリエーションも豊富になってくる。

特に注目してほしいのが、「5㎞レースペース走」。サブ4を目指す人たちにとっては、「1㎞5分40秒」というペースをつかむ」ことが非常に重要なテーマだ。今までのマラソントレーニングのなかでは、それほど意識したことがないという人も多いだろう。はじめはうまくペースが守れなくてもいいので、テストのつもりでチャレンジしよう。1㎞ごとにタイムをチェックしながら、5分40秒になるべく近づけるように注意しながら走ることが大切だ。

後半には坂ダッシュも登場する。最初はつらく感じるかもしれないが、しっかり7本こなそう。短い練習時間で、高い効果を得ることができるトレーニングだ。

また、坂でのランニングに慣れてきたら、土曜日に予定しているクロスカントリーもぜひチャレンジしたい練習のひとつ。

翌日の日曜日の15㎞持久走も、ペース感覚を大切にしながら行う。15㎞自体を走ることはさほど苦にならないはずだが、単純なJOGより速いペースを保って走ることがポイントになる。ただし、レースペースよりは遅くていいので、5分40秒〜6分というペースをきちんと守って走ろう。

中級者　第３クール

レース69日前〜56日前／9週間前〜8週間前

9週間前	69日前（月）	休養	身体づくり期
	68日前（火）	JOG 40分　WS 3本	
	67日前（水）	RP走 5km（POINT 1）	
	66日前（木）	JOG 60分	
	65日前（金）	JOG 40分	
	64日前（土）	LSD 90分	
	63日前（日）	JOG 40分	
8週間前	62日前（月）	休養	
	61日前（火）	JOG 40分	
	60日前（水）	坂D 7本（POINT 2）	
	59日前（木）	休養 or 軽いJOG	
	58日前（金）	JOG 40分	
	57日前（土）	クロカン 40分（POINT 2）	
	56日前（日）	持久走 15km	

多彩なトレーニングにチャレンジ！

POINT 1
1km5分40秒のレースペースを意識し、身につけよう。

POINT 2
坂ダッシュ、クロスカントリーなどもしっかりこなしたい。
バリエーション豊富なトレーニングで力をつけよう。

WALK	ウォーキング	JOG	ジョグ	LSD	ロング・スロー・ディスタンス
RP走	レースペース走	持久走	持久走	WS	ウィンドスプリント
BU走	ビルドアップ走	坂D	坂ダッシュ	クロカン	クロスカントリー

目指せ、サブ4

第4クール 身体づくり期／リカバリー期

レース55日前～42日前／7週間前～6週間前

第4クール前半は、第3クールと似たような練習メニューとなっている。第3クールから、練習メニューのバリエーションが格段に増え、また練習量もかなり多くなっているので、疲労も徐々に蓄積してくる。「休養」と設定されている日は、しっかりと休み、身体のメンテナンスにも注意を払おう。たとえば、坂ダッシュの翌日に設定されている休養日には、今まであまり練習に取り入れたことがなかった坂ダッシュで、自分自身の身体にどの程度のダメージが蓄積しているのかをきちんと見極めることが重要だ。疲労が大きいときには、ただ休めるだけでなく、ストレッチやマッサージなども行いながら疲労をとる工夫をすることも大切だろう。

このクール前半の週末に予定されているクロスカントリーと90分LSDでは、蓄積疲労のあるなかでのハードな練習となり、相当な疲労を感じるはずだ。しかし、このトレーニングを乗りきれば、このクール後半は、リカバリー期。休みの前のもうひと頑張り、という気持ちで取り組もう。

後半のリカバリー期は、前回のリカバリー期に比べても、身体の疲労がかなり大きくなってきているはず。意識して、しっかり身体を休めるようにしよう。特に、「休養または軽いJOG」となっている日は、疲労に応じて無理をしないこと。疲労が大きいときはJOGをせず、しっかり休みをとろう。

中級者 第4クール

レース55日前～42日前／7週間前～6週間前

7週間前	55日前（月）	休養		身体づくり期
	54日前（火）	JOG 40分	POINT 1	
	53日前（水）	坂D 7本		
	52日前（木）	休養 or 軽いJOG		
	51日前（金）	JOG 40分		
	50日前（土）	クロカン 40分	POINT 2	
	49日前（日）	LSD 90分		
6週間前	48日前（月）	休養		リカバリー期
	47日前（火）	休養 or 軽いJOG		
	46日前（水）	JOG 40分		
	45日前（木）	休養 or 軽いJOG		
	44日前（金）	休養		
	43日前（土）	JOG 60分　WS 5本		
	42日前（日）	JOG 60分		

故障に注意し、身体の管理も大切に！

POINT 1
坂ダッシュなどの翌日は、身体にどの程度の疲労が残るかチェック。
疲労度合が大きい場合は、しっかり休んで疲れをとろう。

POINT 2
クロスカントリー、LSDと2日続くハードな練習後は、1週間かけてのリカバリー期。

WALK	ウォーキング	JOG	ジョグ	LSD	ロング・スロー・ディスタンス
RP走	レースペース走	持久走	持久走	WS	ウィンドスプリント
BU走	ビルドアップ走	坂D	坂ダッシュ	クロカン	クロスカントリー

目指せ、サブ4 第5クール 実戦練習期

レース41日前〜28日前／5週間前〜4週間前

ここからの3週間がレースに直結する練習期間。今まで基礎を培《つちか》ってきたのは、この練習期間を乗りきるための準備だったのだ。すべてのトレーニングが、レースのための基礎工事のようなものだと実感できるだろう。

ここで覚えてほしいのは「セット練習」の概念だ。たとえば、前半の水曜日に予定されている坂ダッシュは、前日の40分JOG＋WSとセットになっている。坂ダッシュを翌日こなすために、前日WSを行って刺激を入れておくのだ。

同様に、週末の5㎞レースペース走と90分LSDもセット練習。レースペース走でスピード感覚を養い、LSDでスタミナを補う。**メリハリのある練習を2日間行うことで、総合的な走力を養うことができる。**

後半の週末の90分LSDと15㎞持久走もセット練習。この持久走はできるだけレース本番に近いペースで走るようにしよう。このセット練習によって、20㎞をレースペースで走っているのと同様の効果が得られる。

セット練習において、**どうしても練習日を1日しか確保できないときは、午前と午後に分けて1日で実施してもOKだ。ただし、身体への負荷を考えるとやはり2日に分けて行うのが望ましい。**また、セット練習の1日目は、次の日の練習メニューを意識しながら、トレーニングを行うように心がけよう。

中級者 第5クール

レース41日前～28日前／5週間前～4週間前

週	日	メニュー
5週間前	41日前（月）	休養
	40日前（火）	JOG 40分　WS 3本
	39日前（水）	坂D 7本
	38日前（木）	休養 or 軽いJOG
	37日前（金）	JOG 40分
	36日前（土）	RP走 5km
	35日前（日）	LSD 90分
4週間前	34日前（月）	休養
	33日前（火）	JOG 40分
	32日前（水）	JOG 40分　WS 3本
	31日前（木）	休養 or 軽いJOG
	30日前（金）	JOG 60分　WS 5本
	29日前（土）	LSD 90分
	28日前（日）	持久走 15km

実戦練習期

POINT 1（40日前・39日前）
POINT 2（36日前・35日前、29日前・28日前）

「セット練習」で、練習効果もUP!

POINT 1
翌日の坂ダッシュのためにも、WSでしっかりと刺激を入れておこう。

POINT 2
セット練習は、2日で1セット。順番や組み合わせをしっかり守って練習に取り組もう。

WALK	ウォーキング	JOG	ジョグ	LSD	ロング・スロー・ディスタンス
RP走	レースペース走	持久走	持久走	WS	ウィンドスプリント
BU走	ビルドアップ走	坂D	坂ダッシュ	クロカン	クロスカントリー

目指せ、サブ④

第6クール 実戦練習期／リカバリー期

レース27日前～14日前／3週間前～2週間前

いよいよサブ4に向けてのトレーニングも、山場を迎える。前半の週末、90分ＬＳＤと20㎞持久走というセット練習は、ハードなトレーニングだが、レースのための練習の総決算。手を抜かず、気を抜かず、しっかり走ろう。ここでしっかり走れたことが、レースを運ぶ上での自信につながるはずだ。

セット練習には、大きく2種類ある。ひとつは、軽い練習と重い練習を組み合わせることで、疲労が残らないようにするもの。もう一方は、スピード系とスタミナ系など、異なる目的の練習を組み合わせることでひとつの大きな効果を得るもの。これは**分習法**の考え方だ。分けてセット練習を実施することによって、個別に、よりハードなトレーニングをすることが可能となるのである。

これに対して、ハーフマラソンなどのレースを通して、レースに必要な要素をトレーニングするというのが**全習法**である。週末のセット練習の代わりに、ハーフマラソンなどのレースに出場するのも効果的だ。

第6クール後半は最後のリカバリー期。身体は疲労困憊しているはずなので、十分に身体を休めよう。練習期間のなかで最も休むことになるリカバリー期だ。とはいえ、せっかく積み上げてきた体力、脚力を弱めてはいけないので、週末のＪＯＧやＬＳＤをしっかりとこなすことも忘れずに。

中級者 第6クール

レース27日前～14日前／3週間前～2週間前

	日	メニュー	期
3週間前	27日前（月）	休養	実戦練習期
	26日前（火）	JOG 40分	
	25日前（水）	坂D 5本	
	24日前（木）	休養 or 軽いJOG	
	23日前（金）	JOG 40分	
	22日前（土）	LSD 90分 (POINT 1)	
	21日前（日）	持久走 20km (POINT 1)	
2週間前	20日前（月）	休養 (POINT 2)	リカバリー期
	19日前（火）	休養 or 軽いJOG (POINT 2)	
	18日前（水）	JOG 40分 (POINT 2)	
	17日前（木）	休養 or 軽いJOG (POINT 2)	
	16日前（金）	休養 (POINT 2)	
	15日前（土）	JOG 40分 WS 3本 (POINT 2)	
	14日前（日）	LSD 90分 (POINT 2)	

ハードトレーニングとリカバリー、メリハリを意識しよう。

POINT 1
レースに向けての山場のセット練習だ。
手を抜かず、気を抜かず、ハードトレーニングをこなそう。

POINT 2
後半は最後のリカバリー期。身体の疲労をしっかり抜こう。

WALK	ウォーキング	JOG	ジョグ	LSD	ロング・スロー・ディスタンス
RP走	レースペース走	持久走	持久走	WS	ウィンドスプリント
BU走	ビルドアップ走	坂D	坂ダッシュ	クロカン	クロスカントリー

目指せ、サブ④

第7クール 調整期

――レース13日前～レース当日／1週間前～レース当週

最後の2週間はレースのための調整期。レース当日に体調のピークを迎えられるよう、細心の注意を払ってこの時期を過ごしたい。

リカバリー期で身体をだいぶ休めたはずなので、まず1週目の水曜日に5㎞レースペース走を行い、レースペースの感覚を取り戻す。次の週の水曜日10㎞持久走も、ほぼレースペースに近い速さでOK。自分の身体に、今までの練習の成果を思い出させるような意識をもとう。いずれにしてもこの時期にきて、無理に長い距離を走ったり、スピード練習をしても無駄だ。それよりも練習をやり過ぎて、疲労を残さないことが重要である。

レース前日のメニューは「40分JOG＋WS3本」。自分の身体に対して「明日はよろしく！」と刺激を与える意味で走ろう。ただし、ここで注意しなくてはならないのは、**WSの際に速くなり過ぎないこと。与えるべきなのは、心肺への刺激ではなく、あくまで筋肉への刺激である。**ゼエゼエ、ハアハア言ってしまうような走りは禁物。**「腹八分目」**のイメージで軽やかに走ろう。速過ぎてしまうと、レースの際に、前半のオーバーペースを引き起こす要因ともなりやすいのでくれぐれもご注意を。

レースに向けて頑張り過ぎないこと、レースに向けて調整し過ぎないこと。このバランスが、フルマラソンのトレーニングに重要なのだ。

中級者　第７クール

レース13日前〜当日／１週間前〜レース当週

１週間前	13日前（月）	休養	調整期
	12日前（火）	JOG 60分　WS 5本	
	11日前（水）	RP走 5km（POINT 1）	
	10日前（木）	休養 or 軽いJOG	
	9日前（金）	休養 or 軽いJOG	
	8日前（土）	JOG 60分　WS 5本	
	7日前（日）	LSD 90分	
当週	6日前（月）	休養	
	5日前（火）	休養 or 軽いJOG	
	4日前（水）	持久走 10km（POINT 1）	
	3日前（木）	JOG 60分	
	2日前（金）	休養 or 軽いJOG	
	1日前（土）	JOG 40分　WS 3本（POINT 2）	
	マラソンレース　当日		

レースに向けて仕上げの調整。万全の状態に整えよう。

POINT 1
休めた身体に、レースペースの感覚を思い出させよう。

POINT 2
WSは速くなり過ぎないように注意。
心肺機能への刺激ではなく、筋肉に刺激を与えるのが目的だ。

WALK	ウォーキング	JOG	ジョグ	LSD	ロング・スロー・ディスタンス
RP走	レースペース走	持久走	持久走	WS	ウィンドスプリント
BU走	ビルドアップ走	坂D	坂ダッシュ	クロカン	クロスカントリー

第5章

夢のサブ3　3時間以内で完走する！

上級者マラソントレーニング

STORY

北海道マラソン チャレンジドキュメント

「長瀬の誓い」

＊本編は、これまで私が教えてきた経験を元に作成したフィクションです。よく見受けられる欠点や失敗例、そして克服法などを盛り込んでいるので、十分参考にしてください。

「難しいからこそ、やりがいがあるんじゃないか」

北海道で、サブ3を達成する。長瀬はそう誓った。


出版社に勤務する長瀬は、月刊誌の編集長を務めている。現在、38歳。5年前に独身に戻った。別れた妻との間に、6歳になるひとり娘がいる。

5年前、編集長になったばかりの長瀬は、仕事に追われていた。仕事が終わっても、深夜まで外で飲み歩くことが多く、娘も可愛い盛りだったのに家庭を顧《かえり》みることはなかった。結婚7年目を迎えた秋のある日、妻から別れをきりだされ、協議の末、離婚が決まった。妻と娘は家を離れ、妻の実家のある札幌へと引っ越して行った。別れ際もさほどもめず、ものわかりのいい男を演じたつもりではあったが、ひとりになってはじめて、無性に寂しさが込み上げてきた。しかし、大切なものは失ってから気づくものだ。半ば投げやりになった生活のなかで、長瀬は、自分がいかに怠惰《たいだ》な性格で、妻に頼ってきたかをあらためて思い知らされることになった。

小学生ではじめたサッカーは、大学卒業まで続けてきた。しかしその後は、ほとんどボールを蹴ることはなくなり、運動とは疎遠になっていた。卒業して10年以上がたち、すっかりなまってしまった身体。仕事を覚えるとともに本数が増えたタバコと、仕事終わりのストレス発散のための酒。ひとり暮らしでますます偏った食生活になり、健康への不安が急に大きくなってきた。太りにくい体質ではあったものの、30歳を過ぎて徐々に、自分の身体が重く感じはじめたのは確かだ。

走ってみようかと思ったのは、ちょうどそのころだった。走ることで少しは健康を取り戻すことができるだろう。そして、黙々と走ることが、別れた妻と娘への罪滅ぼしにつながるのではないか、という気持ちも心のどこかにあったのかもしれない。

運動不足でなまった身体を通勤ランで目覚めさせる

長瀬は、早速ランニングシューズを購入し、会社からの帰路に走ることにした。会社まで約8㎞の道のりを、1時間近くかけてゆっくり走ることからはじめた。長年の運動不足がたたり、はじめは思うように身体が動かなかったが、学生時代のサッカー経験のおかげで基礎体力はあったのだろう。徐々に走ることに慣れていった。帰宅ランニングも、安定して45分程度で走れるようになったので、今度は会社へ通勤する行きの道のりを走るようにした。当初は、朝走って通うとなるとどれだけ時間がかかるか読めないので、帰路をランにあてていたのだ。しかし、夜は仕事の付き合いで飲みに行くことがどうしても多くなる。朝走るほうが時間を確保しやすかった。加えて、休みがとれる土日にはLSDを取り入れ、1時間から1時間半程度、ゆっくり走るようになった。

いつしか、15㎞程度はほとんど息をきらさずに走れるようになり、すっかり自信をつけていた。インターネットを利用すれば、簡単にレースへのエントリーができることを知り、10㎞レースやハーフマラソンなど、大会にも積極的に参加することにした。

レースに参加してみると、必ずしも若者たちが速いわけではなく、長瀬の倍くらいの年齢とおぼしき年配の人が、次々と長瀬を追い抜いていくことに驚きを覚えた。しかも、それは男性ばかりではない。マイペースで走っている女性もが、長瀬を簡単にかわしていく。ランニングは、ただ単に体力だけで勝負するものでもないことがわかった。

長瀬は元々走ること自体は得意だった。しかし、走るのが速いからといって、長い距離を走るためのランニングメソッドに明るいわけでもない。そこで、ランニングに関する本もいろいろ読みあさることにした。そして、その知識をもとに、自分なりに工夫してトレーニングするようになった。

サブ4を目指して東京マラソン出場

レースの経験を重ねていく内に、ハーフマラソンも1時間30分台で走れるようになったが、そもそもフルマラソンを目標にしていたわけではなかった。ハーフを走れたからといって、倍の42・195kmという距離は想像がつかなかったし、今のままでも十分な達成感や満足を味わえていた。

しかし、その長瀬がついにフルマラソンへの出場を考えはじめた。それは東京マラソンが開催されることを知ったのがキッカケだった。東京の街を一日ジャックして、市民ランナーが街を走る大会になるという。この大会にぜひ出場してみたいと思うようになった。そして長瀬は運よく抽選を通過した。人気が高いこの大会の出場権を得たことで、俄然フルマラソンへのモチベーションが高まった。走るからにはいいタイムで走破したい。前回のハーフマラソンのタイムが1時間30分だったこともあり、

3時間15分で走ることを目標に設定した。

東京マラソンで満足な走りができるかどうかのテストとして、河口湖マラソンにチャレンジした。結果は3時間20分だった。前半はハーフマラソン同様いい感じで走れたものの、後半は少しバテてしまった。初マラソンとしては好タイムで、周りからは賞賛されたが、長瀬自身の目標には及ばず、決して満足する結果ではなかった。それまでに重ねてきた走り込みやレース経験から、もう少しいい結果を残せる自信もあったので、思い通りに走ることができなかったショックは大きかったのだ。しかし、フルマラソンに対するイメージをはっきり認識できたのは収穫だった。

まず、東京マラソン本番までの3カ月で、どの程度の距離を走ればいいのかを考えた。雑誌などを読み、いろいろな市民ランナーの月間走行距離を参考にしてみると、本来なら月に300km程度走りたい。しかし、仕事の都合上なかなか現実的には難しい。そこで、月平均250km程度、3カ月合計750kmを走ることを目標にした。

しかし、いざ目標を定めてみても、ときには仕事の都合で会社に泊まることになってしまう日もあった。雨が降ったり、土日に外出する予定が入ったりと、練習時間を確保することが難しい。目標距離に到達しないことがストレスにもつながった。やむを得ず、時間がとれる休みの日には、30㎞や40㎞を超えるような長い距離を走り、走行距離を稼ぐことになった。そうした無理を重ねているうちに、長瀬は右ヒザを痛めてしまう。

東京マラソン本番は、寒く冷たい雨の日だった。息も凍りつくような寒さの影響だろうか、レース後半に入ってヒザの痛みが大きくなった。最後は足を引きずるようにしながらのゴールとなった。

3時間35分。目標タイムはおろか、長瀬自身の初マラソンのタイムにも及ばなかった。何より、レース前から慢性化しつつあったヒザの痛みに不安を感じる。

「このままではいけない」

長瀬は思った。このトレーニング状況を今一度見直さなくては。

ランニングクラブ入会と月間走行距離への認識

長瀬はランニングを通じて知り合った友人に、ヒザの痛みが慢性化していること、月間走行距離がなかなか伸びないこと、そしてどうしても市民ランナー憧れのサブ3を達成したいことなど、現状の課題を相談した。

その友人は、ランニングクラブに所属し、週末の練習会に参加しているらしい。クラブ専属のコーチが、走り方を指導し、自分に合ったトレーニングメニューをつくってくれると言うのだ。彼の紹介で、長瀬もそのランニングクラブの練習会に参加させてもらうことになった。

まず驚いたのは、長瀬の走り方に問題があったということだ。ランニングフォームについては、本を読んできちんと学んだはずだったのに、頭に浮かべていた姿と実際に走っている姿は随分と違った。コーチがランニングフォームをビデオで撮影し、それをみながら解説をしてくれた。

「長瀬さんのフォームは、脚の力に頼り過ぎですね。しかも上体が少し右に傾いています。必然的に右足に負荷がかかりすぎるので、ヒザに痛みが出るんです」

映像で見れば一目瞭然だった。ここまで練習を積み重ねてきて、一からフォームを直されるとは思わなかったが、長瀬は目から鱗《うろこ》が落ちる思いがした。

もうひとつアドバイスされたのが、「月間走行距離」についてだった。多くのランナーにとって月間走行距離は気になるものだが、それを気にし過ぎることはないとコーチは言うのだ。

目標とするレースでいい結果を得るためには、レース日から遡《さかのぼ》って練習メニューを組み立てる必要がある。スタミナを養う時期であれば、当然走り込みの量を多くし、走行距離は必然的に増える。しかし、スピード練習が多くなる時期であれば、走行距離は重要な問題にならない。どれだけの距離を走ったかということよりも、どのような内容の練習をしたかが重要だというわけだ。月間走行距離を延ばすことこそレベルアップの近道と考えていた長瀬にとっては、驚きだった。

「仕事の状況に合わせて、メリハリをつけた練習メニューを考えましょう」
コーチのアドバイスを元に、練習メニューを相談しながら、あらためて長瀬はサブ3を目指すことになった。

ランニングペースを把握し身につける

すでに長瀬は、ハーフマラソンなら1時間20分台で走る走力がついていた。それは十分にサブ3を狙えるスピードがあるということを証明していた。重要なのは、その走力をカバーするスタミナと、自分のレースペースを把握する練習だ。まずは1㎞4分10秒から1㎞5分の幅で、10秒ごとのペースの違いを身体にしみ込ませ、それをきっちりキープして走る練習に取り組んだ。

練習会は陸上トラックで行うことが多かった。トラックでの練習は、距離がきっちりとわかるため、ペースが把握しやすい。ただし、地面の跳ね返りが強いので、道路を走るときよりもスピードが上がりやすい上、脚に対する負荷が大きいという難点もある。十分な準備運動やストレッチなど、脚のケアがますます大切になることもアドバイスされた。

こうした練習をはじめたころ、1km4分10秒のペースで走ることは、4、5kmはともかく、10kmともなるときつさを感じていた。しかし、練習を重ねペースが身についてくると、いつしか楽に走れるようになった。次に、1km4分に上げて練習するようになり、さらに、1km3分50秒のペース走にもチャレンジできるようになっていた。その間に効果を上げたトレーニングのひとつが、コーチがすすめてくれた坂道ダッシュ。風をきるように上り坂を駆け上がるこの練習は、大きくゆったりとしたフォームづくりと、心肺機能を高めるのに有効だった。

こうした練習の結果、会社への通勤で8kmの道のりをジョギングする際も、32分から40分の範囲で、ペースをしっかり把握しながら走れるようになっていた。

ペースを把握して走ることが習慣化した長瀬は、はっきりとレベルアップを感じとっていた。

3時間15分をきり
いよいよ見えたサブ3

抽選に落選し、東京マラソンへの2年連続出走はかなわなかったが、春の長野マラソンに出場した。前半こそややハイペースになってしまったものの、1年間の練習の成果を発揮した長瀬は、3時間5分というタイムでゴールを果たした。以前からの目標だった3時間15分を大きく上回ったのだ。いよいよサブ3が現実味を帯びた目標になってきた。

フルマラソンに対してただ漫然と挑むのではなく、長い距離でも自分自身でペースをコントロールしながら走る感覚が身についてきたと長瀬は思う。そうした手ごたえを感じると同時に、ここから5分以上タイムを縮めるには、1km平均7秒以上ペースを上げていかなくてはならない。このレベルまで到達し、それだけのタイムを縮めることは相当厳しいという実感もあった。今まで以上に、計画的なトレーニングの必要性を感じた。

コーチからは、今まで以上に練習のバリエーションを増やしてチャレンジしようというアドバイスをもらった。1㎞4分30秒の持久走。よりゆっくりとした1㎞6分のLSD。1㎞4分ペースの坂ダッシュ。通勤のJOGも往復にし、週末はクロスカントリーに出かける。バラエティに富んだ練習をすることで、飽きることなくトレーニングに取り組むことができた。

もうひとつコーチから言われたことが、しっかりとした休養をとること。どうしても走ることにばかり注力してしまい、脚や身体に疲労がたまりやすくなる。しっかり休養をとることも、トレーニングの一環であることを教わった。

そして、次は北海道マラソンに目標を定めた。夏、暑い季節のマラソンは相当なつらさだろうが、別れた妻が住む札幌で、マラソン練習の成果を発揮し、これまでの集大成を示したい……長瀬はそう考えたのだ。

北海道の灼熱地獄
目標タイムを追い求める

スタート時間が近づく。札幌郊外の真駒内《まこまない》の陸上競技場セキスイハイムスタジアムは、空高く上った太陽に照りつけられていた。30度近い猛暑のなか、5000人を超えるランナーたちが集結し、熱気は最高潮に達している。4時間という過酷な制限時間が設定されていることもあって、長瀬の周りの市民ランナーたちも、かなりの猛者《もさ》が集まっているようだ。

12時10分、号砲が鳴った。大集団が一斉に動き出す。スタート直後は緩やかな下り坂となっていて、ペースが上がりやすい。夏場のレースであることをふまえ、いつも以上に慎重に進んでいく必要がある。ペースが上がり過ぎないように、長瀬は焦らずほぼ1km4分30秒のペースを刻みながら落ち着いてレースに入った。第1折り返し点を過ぎたら、すぐに5kmのポイント、ここを22分10秒で通過した。夏のレースでも、いつもと同じように、焦ったように飛び出していくランナーも多い。そのペースで最後までもつのだろうか……。思わずそう心配したくなるが、他人の走りに気をとられている余裕はない。今大切なのは、自分の走りに集中することだ。

10㎞を過ぎて、15㎞地点の一条大橋を渡るころには、だいぶペースも落ち着いてきた。さすがにマラソンを走り慣れているランナーが多いらしく、みな呼吸を荒げることもなく、安定したペースを刻みながら走っている。

照りつける強い日差しを避けるために、帽子をかぶっていたが、これは正解だった。照りつける日差しのなかで、直射日光を頭に受け続けると、大きなダメージになりかねない。直射日光が当たる腕や足は、すでに日焼けを感じるほど。気温もまだまだ上がり続けているようだ。

レース序盤から、給水ポイントでは必ず水をとっていく。脱水症状になることは避けなければならないし、スポンジで頭や首筋、脚などに水をかけて冷やしながら、冷静にレースを進めていくのだ。

5㎞地点以降の各5㎞を21分30秒、20分50秒、20分40秒と徐々にペースを上げていき、1時間29分30秒で中間点を過ぎた。まだ長瀬に余裕はある。これなら目標達成も夢ではない。対面通行になった25㎞手前で、早くも第2折り返し点を過ぎて戻ってきたトップ集団とすれ違う。彼らはすでに30㎞を通過してゴールを目指している。暑さは感じるが、自分のペースを守れているせいか、疲労感はまだ少ない。

はじめて疲労感を覚えたのは、35㎞を過ぎてからだった。札幌競馬場を右手に見ながら市内の繁華街を目指すのだが、脚がだいぶ重くなってきた。しかしここまでのペースは快調。残りもあと5㎞あまり。粘り強く走らなければならない……。

そのときだ。沿道に立つ母子の姿が目に入った。久しぶりに目にする別れた妻と娘だった。北海道マラソンを走ることはメールで伝えていた。それに対する返信はなかったが、こうしてふたりで見に来てくれたのだ。ふたりと目が合った。長瀬の身体に力が蘇《よみがえ》る。最後の力を振り絞りラストスパートをかけた。

大通公園の脇を通り抜け、札幌最大の繁華街すすきのの街中を駆け抜ける。大声援が長瀬の背中を後押しする。正面に、ゴールの中島公園が近づいてきた。ゴールを駆け抜けた長瀬のタイムは、2時間58分10秒！　見事、サブ3を達成したのだ。

ボランティアが水のシャワーをかけてくれる。ゴールの達成感に、長瀬の表情は喜びと感動でぐしゃぐしゃになった。

レースを終えて静かな感動の再会

「あなたが、こんなに頑張るなんてね……」

別れた妻も、娘を連れ立ってゴール地点に駆けつけてくれた。久しぶりに再会したふたりの前で、汗まみれのままの長瀬だったが、晴れやかな気分に包まれていた。不思議なことに、身体の疲労感は全くなくなっていた。

別れてはじめて、彼女の存在の大切さに気づいたこと。自分のだらしない生活をあらためるために、また罪滅ぼしの気持ちもあって走りはじめたこと。そして、そのランニング生活にはまって健康と生きがいを取り戻したこと……。素直な気持ちが言葉となった。

さらに、今回はサブ3という大きな目標を掲げ、ふたりが住む札幌の街を舞台に選んだこと。最も疲労のピークを感じたときに彼女たちを目にし、驚きと同時に大きな勇気を得たこと。そして、自分自身の目標を無事に達成できたこと。反省とお詫び、喜びと感動、そして驚きと感謝。すべてを、長瀬は包み隠さず彼女に伝えることができた。

長瀬の話を聞きながら、ひとすじの涙が彼女の頬を伝う。

「笑ってくれよ。必死の思いで走ったんだからさ」

水のシャワーと汗でびしょびしょになりながら、長瀬は言った。水でもなく汗でもない、熱いものがひとすじ、彼の頬にも伝っていた。

>>> **ワンポイント解説**

サブ3は、市民ランナーにとって高いレベルの目標だ。日ごろのランニングが習慣化し、1㎞あたり5分のペースで楽にJOGできる程度の走力が必要となる。

このレベルのランナーが陥りやすいのが、月間走行距離にこだわり過ぎてしまうことだ。300㎞、400㎞、はたまた500㎞以上と、1カ月ごとに走った距離がランナーにとってのステイタスになり、他のランナーとの比較材料になるケースが多い。しかし、練習の目的・内容によって、走行距離は増減する。月間走行距離はひとつの目安にはなるが、あまり気にし過ぎないよう注意しよう。

また、レースから逆算してトレーニングを組み立てて、ピーキングする意識も大切だ。ただやみくもに走り込むのではなく、リカバリー期はしっかりと休養をとり、計画的なトレーニングを心がけよう。

なぜ3時間?こんな人がターゲットだ!

「サブ3」。3時間をきって2時間台で走ることは、フルマラソンにチャレンジする市民ランナーにとって憧れであり、夢のような目標だといえる。

トップアスリートのマラソンタイムも2時間3分台に突入し、高速化が進みつつある現在においても、2時間を切った選手がいないことを考えれば、2時間台というタイム自体、エリートランナーと同じタイムのカテゴリーとして肩を並べることになる。

しかし、サブ3を達成できるのは、全ランナーの10%にも満たない。サブ4が「頑張れば達成できる」のに対して、サブ3は「いつかは達成したいと思う夢のタイム」というレベルだ。1kmあたり4分15秒以上、時速14kmを上回るペースで走らなくてはならないが、これは市民ランナーにとっては相当速いペース。一朝一夕に実現できるものではなく、計画的なトレーニングの積み重ねが不可欠である。

しかし、1㎞あたり4分15秒というペースは、かなり速いものの全力疾走ではない。きちんと努力を重ねれば、市民ランナーでも実現可能な範囲のタイムなのである。大変だからこそ、やりがいを感じる目標になるはずだ。

私が本書で紹介するトレーニングメニューを組み立てる際に、基本に考えたのがこのサブ3を達成するためのメニューだ。このメニューをベースに、サブ4を目指す人、6時間以内で完走したい人のために組み立て直している。サブ3を目指すためのトレーニングメニューは戦略的に計画する必要があり、トレーニングに関する私の理論がふんだんに盛り込まれていると言っていい。

サブ3を実現する上で、最も重要なのがペース感覚。1㎞4分15秒以内のペースを、いかに楽に、イーブンペースをキープして走るか。このペース感覚を体得することに尽きるのだ。基礎づくり、身体づくり、実戦練習へといたるすべての場面でペースを意識したトレーニングが組まれている。

また、サブ3を達成するためには、中途半端な状態でレースに臨んだのでは難しい。

最高の状態でレースに臨めるよう、レース当日に体調・体力をピークにもっていく（ピーキング）意識は、中級者以上に大切だ。

>>> 上級者のための心得5カ条

●常にペース感覚を重視してトレーニングを実践しよう
●「4分15秒ペースでいかに楽に走るか」という感覚を忘れないこと
●レースのための総合力を身につけよう
●練習メニューをバランスよく組み立てよう
●レースに向けてしっかりとピーキングしよう

夢のサブ3 **第1クール 基礎練習期**

レース99日前～84日前／14週間前～12週間前

このレベルでトレーニングに励もうというランナーは、最低でもハーフマラソンを1時間40分程度で走ることができる人たちだ。そして、60分JOG、90分LSDといった練習は「できて当たり前」というレベルにあるはず。これらは最低限実践すべき練習となってくる。

また、**ペース感覚を習得するためには、あまりゆっくり走る練習ばかりだと、動きが鈍くなりすぎるのでダメだ。ある程度スピード感のある練習が必要となるので、WSを効果的に利用していきたい。**このとき、1km4分15秒というペースを意識しながら走ること。できれば、レースペースより少し速い1km4分くらいか、それよりも少し速いペースで流せるといい。

メニューのなかに「休養」とある日でも、時間があるなら積極的にJOGを行おう。「軽いJOG」であれば、40分～60分程度が目安だ。

また今後、みっちり走り込むことになってくる。そのリズムを大切にするためにも、1週間のサイクルを意識しよう。たとえば、水曜日と土曜日と日曜日はきつめに、他の日は軽めにといったことを定期化し、リズムとサイクルを身体にしみ込ませるのだ。

このトレーニングメニューは、基本的な走力が身についている人たちを前提にしているので、当初からJOG+WSと、LSDがメインの練習になっている。

上級者　第１クール

POINT 1

POINT 2

レース99日前～84日前／14週間前～12週間前

14週間前	99日前（土）	JOG 60分	WS 5本	
	98日前（日）	LSD 90分		
13週間前	97日前（月）	休養		基礎練習期
	96日前（火）	休養 or 軽いJOG		
	95日前（水）	JOG 60分	WS 5本	
	94日前（木）	休養 or 軽いJOG		
	93日前（金）	休養 or 軽いJOG		
	92日前（土）	JOG 60分	WS 5本	
	91日前（日）	LSD 120分		
12週間前	90日前（月）	休養		
	89日前（火）	休養 or 軽いJOG		
	88日前（水）	JOG 60分	WS 5本	
	87日前（木）	休養 or 軽いJOG		
	86日前（金）	休養 or 軽いJOG		
	85日前（土）	JOG 60分	WS 10本	
	84日前（日）	LSD 120分		

トレーニングサイクルを身体にしみ込ませる。

POINT 1
WSを積極的に取り入れて、スピード感覚を養おう。

POINT 2
土日の練習と、その真ん中の水曜日もきつめに設定。
このトレーニングのリズムとサイクルに慣れること。

WALK	ウォーキング	JOG	ジョグ	LSD	ロング・スロー・ディスタンス
RP走	レースペース走	持久走	持久走	WS	ウィンドスプリント
BU走	ビルドアップ走	坂D	坂ダッシュ	クロカン	クロスカントリー

第2クール 基礎練習期／リカバリー期

――レース83日前〜70日前／11週間前〜10週間前

第2クール前半は、第1クールとほぼ同様のメニューだ。**常に自分が走っているペースが1㎞あたりどの程度のタイムなのかを意識しながら走るようにしよう。**ペースを身体の負荷で判断すると、体調によってブレが生じるので、「このペースだと、どの程度景色が速く流れるか」といった「視覚」で判断する癖を身につけよう。

このクール前半の日曜日に組み込まれたLSDについては、スタミナに不安がある人の場合、120分ではなく180分行ってみよう。

後半は早速リカバリー期だ。ここまでの練習メニューでは、疲労は大きくないはず。しかしここも、レース本番への**「ピーキング」**を意識し、JOGとLSDのバランスを変え、少し軽めのトレーニングに抑えよう。**メニューはレースから逆算して計画的に組まれているのを忘れないこと。**次のクールから、もっとハードなトレーニングになってくるので、この期間でしっかり身体を休めておこう。

サブ3を目指すレベルの人たちは、自分なりに練習を積み重ねてきているはず。これまでの練習度合によっても、疲労度や達成感はまちまちだと思う。少しきつく感じたとしても、練習の量やきつさにはすぐに慣れるので、積極的に取り組もう。もの足りなければ少し量を増やしてもいいだろう。ただし、リカバリー期については、しっかり身体を休めてほしい。

上級者　**第2クール**

レース83日前〜70日前／11週間前〜10週間前

11週間前	83日前（月）	休養	基礎練習期
	82日前（火）	休養 or 軽いJOG	
	81日前（水）	JOG 60分 WS 5本	
	80日前（木）	休養 or 軽いJOG	
	79日前（金）	休養 or 軽いJOG	
	78日前（土）	JOG 60分 WS 5本	
	77日前（日）	LSD 120分	
10週間前	76日前（月）	休養	リカバリー期
	75日前（火）	休養 or 軽いJOG	
	74日前（水）	JOG 60分	
	73日前（木）	休養 or 軽いJOG	
	72日前（金）	休養	
	71日前（土）	JOG 90分 WS 5本	
	70日前（日）	JOG 60分	

POINT

「ピーキング」を意識したメニュー計画を常に念頭におく。

POINT

レース本番までのピーキングを考え、軽めの練習でリカバリー。
レースまでのスケジュール計画を常に念頭に。

WALK	ウォーキング	JOG	ジョグ	LSD	ロング・スロー・ディスタンス
RP走	レースペース走	持久走	持久走	WS	ウィンドスプリント
BU走	ビルドアップ走	坂D	坂ダッシュ	クロカン	クロスカントリー

夢のサブ3 第3クール 身体づくり期

レース69日前〜56日前／9週間前〜8週間前

このクールから本格的な身体づくりのスタートだ。

まず前半は早速「レースペース走」がはじまる。「1km4分15秒」でしっかり走り、「ペースを身体にしみ込ませる」ことが重要だ。準備なくいきなり1km4分15秒で走るのは難しいので、**レースペース走を行う前には、しっかりウォーミングアップを行い、身体を温めてからトレーニングに励もう。**

レースペース走の前日には、WSを予定している。ここでも翌日のレースペース走を意識したスピードで走ってしっかり刺激を入れておこう。

レースペース走の翌日には90分LSD、土曜日には120分LSDが組まれている。速いペースで走った翌日のLSDで、スタミナ補充する意識も重要で、これらもすべてポイント練習だ。週に3回ポイント練習を行うことになる。

後半の水曜日は「坂ダッシュ」を10本。週末には90分クロスカントリー、20km持久走（1km4分30秒〜45秒程度のペース）と2日間で40km前後の距離を走る。練習もハードになってくるがしっかり走り込もう。

持久走については、この時点では1km4分45秒でOK。ただし、今自分が走っているペースが、1km4分30秒なのか、40秒なのか、45秒なのかはきっちり把握しよう。

上級者 第3クール

レース69日前～56日前／9週間前～8週間前

9週間前	69日前（月）	休養	身体づくり期
	68日前（火）	JOG 60分　WS 3本	
	67日前（水）	RP走 5km	
	66日前（木）	LSD 90分	
	65日前（金）	JOG 60分	
	64日前（土）	LSD 120分	
	63日前（日）	JOG 60分	
8週間前	62日前（月）	休養	
	61日前（火）	JOG 60分	
	60日前（水）	坂D 10本	
	59日前（木）	休養 or 軽いJOG	
	58日前（金）	JOG 60分	
	57日前（土）	クロカン 90分	
	56日前（日）	持久走 20km	

POINT 2 （68日前 WS・66日前 LSD）

POINT 1 （67日前 RP走）

レースペース走で、より実戦をイメージ！

POINT 1

レースペース走の前はしっかりウォーミングアップしてから臨もう。

POINT 2

レースペース走前日にはWSで刺激を入れる。
翌日にはLSDでスタミナ補充。トレーニングにはバランスが大切だ。

WALK	ウォーキング	JOG	ジョグ	LSD	ロング・スロー・ディスタンス
RP走	レースペース走	持久走	持久走	WS	ウィンドスプリント
BU走	ビルドアップ走	坂D	坂ダッシュ	クロカン	クロスカントリー

夢のサブ③ **第4クール 身体づくり期／リカバリー期** ——レース55日前〜42日前／7週間前〜6週間前

第4クール前半は、第3クールと同様の練習メニュー。クール前半の日曜日に実施するLSDについては、第2クールと同様に、スタミナに不安がある人の場合、120分ではなく180分に延ばしてもいい。ただし、前日のクロスカントリーについては時間を増やさないこと。疲労がたまってくるので、故障に注意したい。翌日のLSDを行いながら、クロスカントリーの疲労度合を確認しておこう。

後半は、リカバリー期だ。第2クールと同様、トレーニング量を減らしながら、しっかり身体の疲労を抜いていこう。

このレベルになると、トレーニングも相当ハードになってくる。準備運動→ウォーミングアップ→トレーニング→クールダウン→ストレッチおよびアイシングなど、一連の身体のメンテナンスが重要になってくる。また、こうしたリカバリー期に、マッサージを週に1〜2回程度受けて、疲労を和らげるのもいいだろう。**特に、背中や腰など、体幹部分の疲労はたまりやすい。**脚部のように痛みをすぐに感じるわけではないが、走りに大きく影響する部分なので、疲労をためないように注意したい。

この時期のペース感覚は、当然各人の走力によって異なる。しかし、この時点で「どのくらいのペースで走ると、どのくらい疲労度があるのか」を1㎞あたり5秒〜10秒程度の幅でコントロールしながら把握しておくことが大切だ。

上級者 第４クール

レース55日前～42日前／7週間前～6週間前

7週間前	55日前（月）	休養	身体づくり期
	54日前（火）	JOG 60分	
	53日前（水）	坂D 10本	
	52日前（木）	休養 or 軽いJOG	
	51日前（金）	JOG 60分	
	50日前（土）	クロカン 90分 (POINT 1)	
	49日前（日）	LSD 120分 (POINT 1)	
6週間前	48日前（月）	休養 (POINT 2)	リカバリー期
	47日前（火）	休養 or 軽いJOG (POINT 2)	
	46日前（水）	JOG 60分 (POINT 2)	
	45日前（木）	休養 or 軽いJOG (POINT 2)	
	44日前（金）	休養 (POINT 2)	
	43日前（土）	JOG 90分　WS 5本 (POINT 2)	
	42日前（日）	JOG 60分 (POINT 2)	

故障に注意し、身体の管理も大切に！

POINT 1

故障のリスクを避けるため、クロスカントリーは90分までにとどめよう。ただし、スタミナに不安がある場合、LSDは180分に延ばしてもOK。

POINT 2

マッサージなどで、体幹部分の疲労をためないように注意。

WALK	ウォーキング	JOG	ジョグ	LSD	ロング・スロー・ディスタンス
RP走	レースペース走	持久走	持久走	WS	ウィンドスプリント
BU走	ビルドアップ走	坂D	坂ダッシュ	クロカン	クロスカントリー

夢のサブ❸

第5クール　実戦練習期

―― レース41日前～28日前／5週間前～4週間前

いよいよサブ3を目指す練習も、ここからの3週間が佳境《かきょう》。レースに直結する最も重要な期間となる。

このクール前半の水曜日に設定されている坂ダッシュは、第3クール、第4クール同様10本。ハードなトレーニングというより、身体にスピードの刺激を入れる感覚で行いたい。前日火曜日の60分JOGの後に、WSで刺激を入れた状態で実施しよう。身体づくり期の第3クール、第4クールに比べて、楽に走れているかどうかが重要なポイントだ。

前半最大のポイント練習は30㎞持久走。4分30秒～45秒のペースを持続して走ろう。後半、多少ペースが落ちてもやむを得ないが、ここで1㎞4分30秒のペースで走れるなら、サブ3が現実味を帯びてくる。

翌日の2㎞レースペース走×5本は必ずこなすこと。「持久走は4分30秒でなんとかこなせたが、翌日のレースペース走は休んでしまった」では練習効果が半減する。ちなみに、ペース走の間のインターバルは3分程度に設定しよう。

後半のレース4週間前の週前半は、少し練習量を減らす。土曜日のLSDを行った後の日曜日の20㎞持久走は、頑張りどころ。フルマラソン前半の走りをイメージして、できるだけレースペースに近いスピードで走ろう。スタミナは十分についてきているので、多少足が重くても身体へのダメージは意外と少ない。ここまでの練習を順調にこなし、力がついていれば可能なはずだ。

上級者　第５クール

レース41日前〜28日前／５週間前〜４週間前

５週間前	41日前（月）	休養	実戦練習期
	40日前（火）	JOG 60分　WS 3本	
	39日前（水）	坂D 10本	
	38日前（木）	休養 or 軽いJOG	
	37日前（金）	JOG 60分	
	36日前（土）	持久走 30km（POINT 1）	
	35日前（日）	RP走 2km×5本（POINT 1）	
４週間前	34日前（月）	休養	
	33日前（火）	JOG 40分	
	32日前（水）	JOG 60分	
	31日前（木）	休養 or 軽いJOG	
	30日前（金）	JOG 60分　WS 5本	
	29日前（土）	LSD 150分	
	28日前（日）	持久走 20km（POINT 2）	

30km持久走で、サブ3の可能性が見えてくる。

POINT 1

30km持久走は最大のポイント。1km 4分30秒〜45秒で走ろう。
翌日の2km RP走×5本も、セット練習として必ずこなすこと。

POINT 2

前日のLSDの疲労もあるだろうが、ほぼレースペースでしっかり走ろう。

WALK	ウォーキング	JOG	ジョグ	LSD	ロング・スロー・ディスタンス
RP走	レースペース走	持久走	持久走	WS	ウィンドスプリント
BU走	ビルドアップ走	坂D	坂ダッシュ	クロカン	クロスカントリー

夢のサブ3

第6クール 実戦練習期／リカバリー期

レース27日前〜14日前／3週間前〜2週間前

サブ3に向けた実戦的なトレーニングも終盤。最後のポイント練習は、前半の土曜日の30km持久走だ。第5クール最後の20km持久走がしっかりとこなせていれば、この持久走のペースは1km4分30秒で問題ない。30kmをしっかり走りきることが重要だ。

第5クール最後の20km持久走と、今クールの30km持久走はつながっている。間のつなぎとして設定しているのが、25日前の15kmビルドアップ走。前の週の20km持久走を思い出しつつ、週末の30km持久走をイメージしながら走ることが大切。

前半最後の120分LSDは、前日の30km持久走の長めのクールダウンをイメージして走ろう。ここで重要なのが**「スタミナにふたをする」**という感覚。よりスピード感覚の強い練習をした翌日に、ゆっくり長く走ることによって、スタミナがなくならないように身体に閉じ込めることができるのだ。

クール後半は、レース前最後のリカバリー期。土曜日のトレーニングは、ただのJOGで終わらず、1kmだけレースペースで走ろう。これはスピード感覚を身体に思い出させるのが目的だ。そして日曜日はゆっくりと120分LSD。ここも、スピード感覚を呼び戻したところで、スタミナにふたをしておこう。ここまで準備が進んでいれば、無理に長い時間走ることは避けよう。120分LSDを180分に延ばす必要はない。

上級者　第6クール

レース27日前～14日前／3週間前～2週間前

3週間前	27日前（月）	休養	実戦練習期
	26日前（火）	JOG 60分	
	25日前（水）	BU走 15km	
	24日前（木）	休養 or 軽いJOG	
	23日前（金）	JOG 60分	
	22日前（土）	持久走 30km（POINT 1）	
	21日前（日）	LSD 120分（POINT 2）	
2週間前	20日前（月）	休養	リカバリー期
	19日前（火）	JOG 40分	
	18日前（水）	JOG 60分　WS 3本	
	17日前（木）	休養 or 軽いJOG	
	16日前（金）	休養	
	15日前（土）	JOG 40分　RP走 1km	
	14日前（日）	LSD 120分	

長めの距離を走って、スタミナにふたをする。

POINT 1

最後のポイント練習。1km 4分30秒でしっかり走りきること。

POINT 2

前日の疲れをとるための、長めのクールダウンのイメージ。
「スタミナにふたをする」感覚が大切だ。

WALK	ウォーキング	JOG	ジョグ	LSD	ロング・スロー・ディスタンス
RP走	レースペース走	持久走	持久走	WS	ウィンドスプリント
BU走	ビルドアップ走	坂D	坂ダッシュ	クロカン	クロスカントリー

夢のサブ③ **第7クール 調整期**

レース13日前〜レース当日／1週間前〜レース当週

レース11日前の水曜日に設定した15kmビルドアップ走は、その後の土曜日の20km持久走のためのブリッジ練習だ。疲労がなければさらっと終えてもいいが、もし多少疲労が残っていれば逆にペースを上げて刺激を入れる。ただし、金曜日のWSはなるべく軽めの刺激にとどめよう。

最大のポイントとなるのが、レース8日前の20km持久走だ。**レース前半を走るイメージで、しっかりフォームを意識しながら走ろう。レース当日と同様の時刻に起床し、食事し、準備をし、レースのスタート時間に合わせてトレーニングをはじめるのは効果的だ。**

日曜日の120分LSDでスタミナにふたをしたら、最後の週は微調整。レース4日前の10kmビルドアップ走は、前の週のポイント練習だった20kmの持久走とレース本番をつなぐブリッジ練習。翌日に90分のLSDで、スタミナにふたをするのも忘れずに。レース前日の土曜日は、2kmレースペース走で、自分自身の身体に最後の刺激を入れよう。調整といいながらも、最後の最後まで、入念に練習を重ねよう。

ここまで徐々にレベルアップしながら、同じことを繰り返してきた。レースから逆算して、ポイント練習をブリッジでつなぎ、スタミナにふたをする。こうして少しずつスピードとスタミナを養ってきたのだ。ここまでくれば仕上がりは万全。自信をもってレースに臨もう。

上級者　**第7クール**

レース13日前〜当日／1週間前〜レース当週

1週間前	13日前（月）	休養	調整期
	12日前（火）	JOG 60分　WS 3本	
	11日前（水）	BU走 15km	
	10日前（木）	休養 or 軽いJOG	
	9日前（金）	JOG 40分　WS 3本	
	8日前（土）	持久走 20km（POINT 1）	
	7日前（日）	LSD 120分（POINT 1）	
当週	6日前（月）	休養	
	5日前（火）	JOG 40分　WS 3本	
	4日前（水）	BU走 10km	
	3日前（木）	LSD 90分	
	2日前（金）	休養 or 軽いJOG	
	1日前（土）	JOG 40分　RP走 2km（POINT 2）	
	マラソンレース　当日		

細心の注意を払って最終調整。いざレース本番へ。

POINT 1

レースの前半を走るイメージで、リズムとフォームを意識して走ろう。

POINT 2

レース前日もしっかり身体を動かそう。
翌日のレースをイメージしながら、身体に刺激を入れよう。

WALK	ウォーキング	JOG	ジョグ	LSD	ロング・スロー・ディスタンス
RP走	レースペース走	持久走	持久走	WS	ウィンドスプリント
BU走	ビルドアップ走	坂D	坂ダッシュ	クロカン	クロスカントリー

第6章

今からでも大丈夫　時間がないあなたへ

駆け込み30日トレーニング

レースまであと1カ月 完走するための最終手段！

「周りからすすめられて」「どうしても一度チャレンジしてみたくて」と、フルマラソンにエントリーしたものの、トレーニングをはじめる機会を逸してしまい、いまだ練習が進んでいない。そんな人もいるだろう。そんなあなたが、無事に完走できるだろうか。期待を裏切るようで恐縮だが、「無理だ」というのが、私からの率直な意見だ。

マラソンに「まぐれ」はない。練習でできていないことが、本番で突然できてしまうことはないのだ。レースだけがマラソンの醍醐味ではなく、レースに臨むまでのトレーニングも含めたすべてがマラソンであることをぜひ知ってほしい。

言うまでもなく、42・195㎞は相当長い距離だ。最低限度の基礎体力が必要となるため、練習せずに臨むのは厳しい。たとえ完走できたとしても、レース後のダメージは相当大きいはずだ。しかし、年齢・性別・運動経験に関係なく、きちんとトレーニングさえ重ねれば、この距離を走りきるのは実はさほど難しいことではない。レースまで1カ月しか時間がない人が、マラソン完走を目指す場合を想定し、最低限できることをやろうという趣旨でトレーニングメニューを考えてみた。

この場合も、いくつか注意すべき点がある。まず、**最低2週間で15㎞程度は走れるようになること。120分LSDがこなせるようになること。**これを実現するためにも、かなりハードなトレーニングが必要になる。休養の入れ方が限定されてしまうので、筋肉痛も伴う。しかし、せっかく鍛えた筋力を弱めないためにも、多少の筋肉痛を我慢して、うまく付き合いながらトレーニングを行わなければならない。時間に限りがあるため、やむを得ないのだ。頑張って取り組んでほしい。

駆け込みトレーニングは決して望ましいものではない

もしレースまで2カ月あるなら、1カ月間はこの練習をこなした後、最後の1カ月は初心者の第6クール、第7クール（118ページ〜121ページ参照）のトレーニングに取り組んでみるのもよいだろう。

いずれにしても、1カ月のトレーニングでフルマラソンを走るのは、不可能ではないだろうが、私は決してオススメしない。ケガをしてしまう危険性が高いからだ。もし完走できたとしても、あなたの心に少しでも後悔の念が残ったなら、ぜひ次のレースはしっかりと計画したトレーニングを積んだ上で挑んでほしいと思う。

>>>

駆け込みトレーニング心得5カ条

●フォームを意識して、しっかりウォーキングをしよう
●最低2週間で15㎞程度を走れるようになろう
●120分LSDは必ず行おう
●時間がなく詰め込む練習はケガをしやすいので十分に注意
●筋力を弱めたくないので筋肉痛ともうまく付き合い、練習を重ねよう

今からでも大丈夫

第1クール　駆け込み導入期

——レース29日前～14日前／4週間前～2週間前

レースまで1カ月しかないが、普段ほとんど身体を動かしていない人にとっては、長時間歩くことすら億劫《おっくう》に感じるだろう。まずはしっかりとウォーキングができるようになろう。ある程度の時間、連続してウォーキングできるようになったら、JOGを組み合わせて少しずつ走る時間を長くしていこう。

レース21日前の日曜日には、60分JOGができるようになっていたい。1時間走るとなると、なかなかハードだと感じるだろうが、1カ月後にフルマラソンを走るからには、このくらいの練習はこなしたい。最大のポイントになるのが、レース15日前の土曜日に予定されている90分LSD。走るスピードはゆっくりで問題ないので、極力歩かないように頑張ってほしい。

「歩き」と「走り」は深く連動していて、共通点も非常に多い。まずはしっかり歩くことが、長い時間走ることにつながっていく。その点でも、フォームづくりは重要である。体力が十分ついていないのに、ロスの大きなフォームで歩いたり走ったりしていると、完走も難しくなるし、練習の過程でケガもしやすい。楽に歩き、楽に走れるよう、腰を落とさないように正しく大きなフォームを身につけるように意識しよう。

駆け込み

第1クール

レース29日前～14日前／4週間前～2週間前

駆け込み導入期

週	日	メニュー
4週間前	29日前（土）	WALK 60分　JOG 10分
	28日前（日）	WALK 60分　JOG 20分
3週間前	27日前（月）	WALK 30分
	26日前（火）	WALK 30分
	25日前（水）	WALK 60分　JOG 30分
	24日前（木）	WALK 30分
	23日前（金）	WALK 30分
	22日前（土）	WALK 30分　JOG 40分
	21日前（日）	WALK 20分　JOG 60分　POINT 1
2週間前	20日前（月）	休養 or WALK 30分
	19日前（火）	休養 or WALK 30分
	18日前（水）	JOG 60分
	17日前（木）	WALK 45分　JOG 15分
	16日前（金）	WALK 45分　JOG 15分
	15日前（土）	LSD 90分　POINT 2
	14日前（日）	WALK 60分

走りとの連動を意識しながら、しっかり歩こう。

POINT 1

歩くことからはじめるが、21日前には60分走れるようになっていたい。

POINT 2

第1クール最大のポイント。90分休まず走れるように、極力ゆっくり走ろう。

WALK	ウォーキング	JOG	ジョグ	LSD	ロング・スロー・ディスタンス
RP走	レースペース走	持久走	持久走	WS	ウィンドスプリント
BU走	ビルドアップ走	坂D	坂ダッシュ	クロカン	クロスカントリー

第2クール　調整期

レース13日前〜レース当日／1週間前〜レース当週

早くも最後の2週間だ。体力をつけなくてはいけないのだが、レースで実際に走るためには、極度の疲労や故障を抱えた状態では完走は難しい。レースに向けて、休養も入れながら体力を補強し、レースに向けた調整を進めたい。

週の前半ではしっかり休みをとろう。急に運動を重ねたことで、筋肉や関節などに痛みが発生してくることも想定される。完全休養を入れることで少しずつ疲労を抜いていく。

一連のトレーニングメニューのなかで、最大のポイントになるのが、レース8日前に行う「120分ＬＳＤ」だ。このトレーニングを実現するためにも、ＪＯＧとＷＡＬＫを繰り返し重ねながら体力をつけていく。

ここまでの練習が順調に積めていれば、レース4日前に行う60分ＪＯＧは、練習開始当初に比べて相当楽に走れるようになっていることを実感するはずだ。

レース本番は、身体が多少重いくらいの感じでチャレンジしたほうがいいので、前日も90分ＬＳＤでゆっくり長めに身体を動かそう。

レースの走り方は、60分ＪＯＧと10分ＷＡＬＫを5セット繰り返すイメージで走るのがいいだろう。想定しているのは、1㎞8分のゆったりペースだ。練習同様、焦ることなくゆっくりと歩を進めていくことで、完走が現実味を帯びてくる。

駆け込み　第２クール

レース13日前〜当日／1週間前〜レース当週

1週間前	13日前（月）	休養	調整期
	12日前（火）	休養	
	11日前（水）	JOG 60分	
	10日前（木）	WALK 45分	
	9日前（金）	WALK 45分	
	8日前（土）	LSD 120分 POINT 1	
	7日前（日）	WALK 60分	
当週	6日前（月）	休養	
	5日前（火）	休養	
	4日前（水）	JOG 60分	
	3日前（木）	WALK 60分	
	2日前（金）	WALK 60分	
	1日前（土）	LSD 90分 POINT 2	
	マラソンレース　当日		

体力を補強しながら、レースに向けて調整する。

POINT 1
120分のLSDは、一番のハードトレーニング。
この練習をこなせるよう、JOGとWALKを繰り返しながら備えよう。

POINT 2
レース当日は身体が重く感じるくらいでいい。前日はゆっくり長く身体を動かそう。

WALK	ウォーキング	JOG	ジョグ	LSD	ロング・スロー・ディスタンス
RP走	レースペース走	持久走	持久走	WS	ウィンドスプリント
BU走	ビルドアップ走	坂D	坂ダッシュ	クロカン	クロスカントリー

第7章
マラソン
あれこれQ＆A

マラソンに関する疑問が一気に解決する！

誰からも教わることなく、小さな子供たちは公園を走り回っている。「走る」のは、私たちにとって幼いころから身近な行為だったのだ。また、あらゆるスポーツにおいて最も基本的な動作である。

しかし、マラソントレーニングを行っていると、「走る」ことが、いかに奥が深く、難しいことなのかを実感するだろう。基礎トレーニングに関してどうすればよいのか、あるいはレースの際に注意することなど、さまざまな疑問が思い浮かぶはずだ。ここでは、マラソンに関するさまざまなシチュエーションでよく聞く疑問・質問に答えよう。

〔基礎トレーニング編〕

Q　走るときに腕はどうやって振ったらいいの？

A　そもそも腕振りは、骨盤を動かし上半身と下半身を連動させるためのもの。単に肩で腕を動かすのではなく、肩甲骨から腕を振ることが重要だ。そのために大切なのが、「いい姿勢で立つ」こと。これがいい走りにつながる。走りながら肩甲骨を意識して腕を振ることで、正しい腕振りを身につけよう。

腕振りは、前に振るよりも引くほうが重要。力の入れ過ぎは禁物だが、小指、薬指に意識をおいて、ヒジを後方に引くようにすると、スムーズな腕振りができる。

Q　レース前に40㎞走などの練習は必要ないか？

A　本書のメニューでは、30㎞走などで十分練習効果が得られると考えているので、

40㎞走はあえて入れていない。しかし、レース前に40㎞走ができるなら、より高い効果が期待できるだろう。また、「40㎞走を行った」という精神的な安心感もレースに臨む上でプラスに働くはずだ。ただし、どのタイミングで実施するかが難しい。

疲労やダメージが大きいことに加え、身体が反応し効果を発揮するまでには、自分が思っている以上に時間がかかる。40㎞走の練習効果をレース本番で生かすためにも、3週間前から1カ月前までに行っておくのがいいだろう。

Q 距離とペースのつかみ方はどうしたらよいか？

A 中級者までは、細かく1㎞何分で走っているかということを把握していなくても、自分の走行時間さえ管理できていればOKだ。

しかし、フルマラソンにおいて、ペース感覚をつかむことは大変重要なので、特に上級者にとってペースを知ることは必須。

まず1km単位で距離のわかるコースを見つけ、ここで自分がどのくらいのペースで走っているのかを時計で確認しよう。心肺計、GPS機能付き時計、ペースメーカー、iPodなど、ペース感覚を測るための機械もさまざまあるが、これらは誤差がつきもの。人間の感覚のほうが鋭いものだ。事実、トップアスリートは1秒も狂わないタイムでペースを刻んでくる。自分の体内時計の精度を高める努力をしよう。

また、ペース感覚を身につけていく際には、「苦しさ」で判断しないこと。体調や体重、疲労度合によって感じ方に誤差が出やすい。時計を確認しながら、流れる景色の速さから「視覚」でペースを覚えることが大切。夜間はスピードを速く感じやすいので、その点も注意が必要だ。

Q　インソールや着圧の高いウエアなどいろいろあるが、実際に役に立つの？

A　昨今のランニングブームもあって、各メーカーが開発を競い合い、より機能性の高いさまざまな商品が市場に出てきている。消費者には喜ばしい限りだ。私がプロデュースする「体幹ウエア」も2008年末に発売されたが好評を博している。着るだけで正しいランニングの姿勢をとりやすいように補正されるのが、人気の秘密だ。

しかし注意すべきは、流行っているからといってすぐに使わないこと。よく機能を研究し、納得してから使うようにしよう。

テーピングなどを用いている人もいるだろうが、テーピングの効果は短く、かえって身体のバランスを崩すケースもある。着圧の高い矯正ウエアなども同様の場合があり得る。

道具も大切だが、何よりも、身体あっての道具だということを忘れないこと。事実、トップアスリートはごくシンプルなウエアで走っている。マラソンは基本的にごまかしがきかないスポーツ。自分の身体を鍛えることを重視し、ギアは補助に過ぎないことを忘れないことだ。

Q　筋力トレーニングは本当に必要なの？

A　運動不足の初心者は、走るための基礎体力が絶対的に不足しているケースが多く、筋力トレーニングは効果的である。スクワットなどで走るための脚力をつけていくほか、腹筋、背筋といった体幹部分を鍛え、走るためのベースとなる筋力をパワーアップするのはいいことだろう。また上級者の場合は、故障予防などの目的で筋力トレーニングをすると効果的だ。

ただし、マラソンに必要な筋力は、最低限のものと考えるべき。マラソンを走る上では身体はなるべく軽いほうがいいが、筋力をつけ過ぎると身体が重くなるため、やり過ぎは禁物だ。ボディビルではないので、筋力トレーニングはあくまで補助的に取り入れよう。走ることによって、必要な筋力を強くしていくのが望ましい。

Q　体重はどの程度がベストなのか？

A　身長と体重の関係から計算するＢＭＩ（ボディ・マス・インデックス）指数がひとつの目安になる。ＢＭＩとは、「体重（kg）／身長（ｍ）の２乗」で算出される値で、肥満度の判定方法のひとつとして用いられる。体脂肪率との相関関係も高い。

ＢＭＩ指数の標準値は22・０とされるが、ランナーの場合はこの標準体重から少しやせ型になりがちだ。20〜22程度の幅におさまるように体重を調整するといいだろう。たとえば、身長１６５㎝の人であれば、体重59・９kgが標準体重となり、ＢＭＩ22・０を示す。54・５kgでＢＭＩ20・０となるので、54・５kg〜59・９kgの幅におさまっていればランナーとしては理想的だといえる。

［レース編］

Q　レースで準備するものはなに？

A　大会への出場ハガキや事前に引き換え済みのゼッケンのほか、シューズ、ウエア、帽子、アームウォーマー、手袋、サングラス、絆創膏（男性の場合、乳首に貼ってウエアと擦れて痛まないようにする）、タオル、着替え、ツメ切りなど。

身体をケアする消炎鎮痛剤やワセリンなどもあるといい。また、雨や気温が低いときには、オリーブオイルやベビーオイルを持っていると便利だ。保温性が高く水を弾くので、太モモの前、腕やお腹、ヒザなどに塗っておくといい。

また走る時間が長くなりそうな人たちは、ウエストバッグに食料を入れておくのもいいだろう。

私はレースにもっていくこれらのグッズを、常に一式パッケージにしている。当日忘れてしまうと困るので、あらかじめまとめているのだ。

Q　レース前の食事はどうしたらいい？

A　レース前日の食事は、走るエネルギーとなる炭水化物を中心にとるのがいい。ごはん、パスタ、お餅などがオススメだ。

また、レースを走ると肝臓にも負担がかかる。直前はアルコールを控えめにしたい。また飲む場合は、お腹を冷やさないように、冷酒でなく熱燗《あつかん》にするなどの工夫をしよう。

レース当日も、炭水化物中心がいいだろう。おにぎり2個、バナナ1本といった具合でいい。国内のレースであれば、おかずは控えめにして、ゴハン中心の和定食などもいいだろう。バナナはミネラル豊富でエネルギーになりやすいので、ランナーに人気だ。エイドステーションで出てくることもある。

なお食事をとるタイミングだが、食事をとった直後は内臓に血液が集中するため、ある程度前に食べておいたほうがいいだろう。サブ3を目指すランナーであれば、スタート3時間ほど前に食べるのがいい。ただし、ゴールまでに6時間かかる人であれば、これでは走っている間に空腹を感じてしまう。できるだけ空腹を避けるために、スタート直前に食べるようにしたい。

Q ウォーミングアップはどうしたらいいか？

A 故障を予防し、いいパフォーマンスを発揮するためにも、ウォーミングアップは非常に大切だ。

まずはしっかりと身体と筋肉を温めよう。関節や筋肉のストレッチなどでほぐし、入念なウォーキングを行う。

サブ3を目指して走る人は、さらに軽くジョギングを行って身体を温めよう。サブ3を目指すには1㎞4分15秒以内というレースペースで走らなければならないが、はじめからこのペースで走るためには十分なウォーミングアップが必要だ。

しかし、そのほかの人たちは、ウォーミングアップでジョギングは不要だろう。最初の10㎞をウォーミングアップのつもりで、ゆっくりスタートするくらいでちょうどいい。

冬場は、長い待ち時間で身体が冷えてしまうケースがある。最近は筋肉を保温するクリームなどもあるので、こうしたものを利用するのもいいだろう。冷えたままでいると、ヒザや足首などの関節が痛むケースもあるので注意したい。

Q　レースには、どのような気持ちで挑めばいいか？

A　まず、スタート前は興奮を抑え、落ち着いて冷静に淡々と過ごすことが大切だ。いざレースがはじまったら、「起承転結」で考えるのがいいだろう。

レース序盤、立ち上がりの「起」。なにより重要なのが、オーバーペースにならないこと。周りのランナーは興奮して先を急ぎ、あなたを追い抜いていく人も多いだろうが、これに惑わされず、自分のペースをつかむことに注力しよう。

スタートして10㎞を過ぎ、レースの流れにも慣れてきたら、「承」だ。自分の走りもリズムがよくなり調子が出てくるころ。ついついスピードを上げたくなるが、ここは我慢が大切。ここで我慢してペースを保つことが終盤の粘りに必ず生かされる。

「転」は25㎞前後。我慢してゆったりしたペースをキープしてきても、ちょっとつらくなってくるころ。ここは頑張りどころなのだが、ポイントは「頑張り過ぎない」こと。頑張ろうという気持ちが強過ぎると、どうしても身体が硬くなる。レーススタートのころの初心に返り、基本のスタンスを思い出そう。目標のレースペースと、現在のペースを確認した上で、リラックスした走りを心がける。背伸びをする、太モモや首筋など身体に水をかけたりしてリフレッシュを図ろう。

そして最後は「結」。ゴールまで苦しい場面が続くが、精神力で我慢して粘り、歩かないように、あるいはスピードが落ちないように頑張ろう。いざ残り1㎞になれば、誰もが苦しくても走れるようになる。我慢から解放され、その先には栄光のゴールが待っている。ラストスパートでゴールを目指そう。

Q　理想的なレースのペース配分とは？

A　左の図を見てほしい。ここには、あるふたりの選手のレースペースが表現されている。

ありがちなオーバーペースは、前半身体が軽く、感じ飛ばして行ったものの、ハーフを過ぎて失速。ペースの落ち込みは、ゴールが近づくにつれて特に激しくなるので、30㎞を過ぎてからがものすごく厳しいレースとなる。

一方、理想のペースは、前半から少しずつペースを上げていき、後半多少ペースが鈍ったとしても粘って、その下げ幅を小さくするというレース運びだ。仮にずっと同じペースで走れた場合も、後半になるにしたがって蓄積疲労があるので、主観的な頑張り度合は後半のほうが大きくなる。したがって、前半でいかに頑張らず、後半でいかに頑張れる余力を残しているかが重要だ。

世界記録のペースを見ても、最後は少しペースが落ちてしまうもの。しかし序盤

レースでのペース配分

あるふたりのレース展開をグラフ化した。
マラソンを走る際によくある失敗が、レース序盤のオーバーペース。
①特にレース序盤はスピードを上げ過ぎないよう我慢することが重要だ。
②中間点を過ぎ、レース終盤に近づくと、疲労が蓄積してくる。
前半でためておいた余力を振り絞って、粘りの走りにつなげよう。

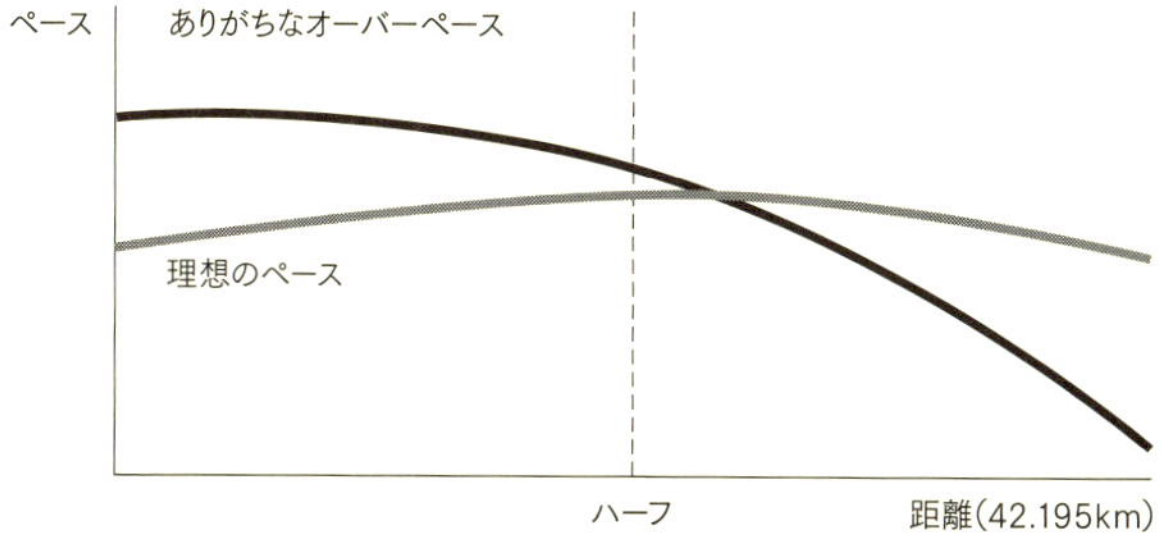

でペースを上げ過ぎないように我慢できていれば、終盤の粘りに必ずつながる。「レース序盤の我慢」こそが、マラソンのレース運びにおける最大のポイントだ。

Q　給水はどんなことを意識してとればよいのか？

A　時間をかけてゴールを目指すランナーはもちろん、サブ3を目指すランナーも、すべての給水をとったほうがいいだろう。給水ポイントが3㎞ごとであれば、1カ所給水を飛ばしてしまうと、6㎞給水が得られないことになる。5㎞ごとであれば、1カ所給水を飛ばしてしまうと10㎞もの間、給水が受けられないことになってしまう。これは後になって大きなダメージとなる場合もある。

水は飲むだけでなく、頭、首筋、ヒザや太モモといった脚部など身体にかけるのも効果的だ。特に暑い中でのレースではなおさらだ。

サブ3を狙うランナーであれば、ゆっくり時間をかけず、トップランナー同様さっと給水をとりたい。一方、完走を目指すランナーは、無理をせず歩きながら給水をとろう。給水が大切といっても飲み過ぎは禁物だ。お腹がタプタプするようでは、満足な走りはできない。

Q　レース中のトラブルには　どう対応したらいい？

A　ときとしてレース中にトラブルに見舞われることがある。

よく起こるトラブルは「マメ」だ。ひどいものができてしまうと、足を地面に着くのも痛く、走りのバランスが崩れてくる。痛いマメの部位をかばうあまり、別の場所に痛みを生じるケースもある。あまりにもひどい症状の場合は、無理をせずリタイアすることも検討したほうがいいだろう。

練習からマメができやすいタイプの人は、ワセリンを塗り、絆創膏を貼るといった対応は有効だ。靴のサイズが小さ過ぎたり、大き過ぎたりする場合もマメができやすいので注意しよう。

「けいれん」もよくあるトラブルのひとつ。塩分すなわちナトリウム不足や、水分不足のケースが多い。塩、梅干し、プレッツェル（海外レースなどでることがある塩をまぶしたパン）などで塩分補給を心がけよう。スポーツドリンクにもナトリウムは含まれているので、給水時にスポーツドリンクを飲むのもいい。

また、血糖値が低くなってきた場合は、飴をなめるのもいいが、砂糖よりも果糖やブドウ糖がオススメ。そのためにも、フルーツやスポーツドリンクが有効だ。

水は「飲む」だけでなく、「かける」のも重要だ。筋肉痛などが気になる場合もあるだろうが、水をかけて冷やすだけでもだいぶ効果がある。身体にかけたい場合は普通の水にすべきだ。レースが進むなかでとる給水は、水とスポーツドリンクの両方をとればいいのだが、片方しかとれない場合にどちらをとるかは、自分自身の身体の状態を確かめながら判断しよう。

Q　レース終盤の苦しみにどうやって耐えればいいか？

A　レースも後半に入ると誰もが苦しい。しかし、積み上げてきたトレーニングとその努力を信じて頑張ることだ。

苦しみは波のようにやってくる。いろいろな種類の苦しみがあるが、これはずっと続くわけではなく、少し楽になるタイミングがあるので、そのときがくることを信じて苦しい時間帯を乗り越えよう。このように、マラソンはメンタル面の影響が大きく、精神力を必要とする。

自分を追い抜いていく人についていくことで、苦しみを忘れ乗りきれることもあるが、残りの距離とついていくランナーのスピードを勘案《かんあん》して判断しないと、結果的に単なるオーバーペースで余計に疲労してしまう場合もある。

ここまで苦しいシーンに出会うことは、人生のなかでもそう多くはない。苦しい場面に立たされたときに自分がどうなるのか、第三者の立場で自分自身を観察するのにもいい機会だと思う。

また、こういうときには沿道の声援がいかに温かく、勇気をもらえるかを実感するはずだ。また一緒に走っていて、自分と同じように疲れているランナーを見つけた際に、声を出して励ましながら走るというのも、意外に効果的だ。

マラソンレースのゴールは十人十色。ゴールの仕方は個人の自由だ。ゴールまで走ったのは自分自身の脚でしかない。喜びのあまりガッツポーズになるかもしれないし、溢れる涙になるかもしれない。多くの感動をかみしめて、自分なりのゴールの喜びを味わってほしい。

エピローグ

すべてのランナーの成功を願って

ランナーは、なにかのきっかけで走りはじめる。ランニングが習慣化されれば、やがてフルマラソン完走の喜びも味わえる。そして、その先の目標は記録更新への挑戦だ。自己記録の更新にトレーニングは必須条件。しかし、限られた知識と経験、あるいは時間のなかで、いったいどんなトレーニングをやっていけば記録が伸びるのか皆目見当もつかないというケースが、特に市民ランナーの場合は多いだろう。

本書は、おそらく市民ランナーに向けたはじめての本格的なマラソントレーニング解説本だと思う。

マラソントレーニングは奥が深く、非常に個別性がある。だからこそ、誰にでも理解・応用できることばに集約することはとても難しい。私はコーチとして、あえてその難題にチャレンジした。

トレーニングメニュー作成に不可欠な能力のひとつは、運動生理学など〝知識〟の基本や裏付けにもとづき、そのメニューを実行するランナーがどう変化していくかを想像する「イマジネーション能力」である。

一見、単純な数字の羅列のようにみえるトレーニングメニューには、それを実行する肉体の複雑な変化のプロセスが埋め込まれているのだ。

トレーニングメニューに、1＋1＝2という単純な解答はない。100人いれば100通り。仮に同じ人が10回のマラソンを同じタイムで完走しても、10通りのメニューが存在する。そんな千差万別さにも、マラソンのおもしろさや醍醐味があるのだと思う。

「マラソントレーニングとは、自分自身の身体を自らの見識とイマジネーションでつくり上げる、アート制作のようなもの」

そんな風に考えると、1日1日のトレーニングもより充実し、かつ楽しくなるだろう。丹誠《たんせい》込めてつくり上げた世界にひとつだけの作品は、レースという発表会で多くの人の目に触れ、感動を生むことができる。

本書は構成の中村聡宏氏の協力がなければできなかった。中村氏は、あと4秒でサブ3ランナーとなるアスリートである。今回得た知識で、次回のレースではかならずやサブ3を達成してくれることを期待したい。そして、忙しさにかまけてなかなか筆が進まなかった私を、1年近くにわたりメールや飲み会で励まし、粘り腰でお付き合いいただいた編集の阿部雅彦氏、神野哲也氏がいなければ本書は完成しなかった。

最後に、これまでお世話になったすべての人々に感謝しつつ、マラソンを愛してやまないすべてのランナーの成功を願いたい。

金 哲彦

金 哲彦（きんてつひこ）

1964年2月1日生まれ、福岡県北九州市出身。早稲田大学時代、名将・中村清監督の下、箱根駅伝で活躍。４年連続で山登りの５区を担当。区間賞を二度獲得し、84年、85年の２連覇に貢献。大学卒業後、リクルートに入社。87年大分毎日マラソンで３位入賞。現役引退後は、リクルートランニングクラブで小出義雄監督とともにコーチとして活躍。有森裕子、高橋尚子などトップアスリートの強化に励む。その後、同クラブの監督に就任。現在は、オリンピック選手から市民ランナーまで、幅広い層から厚い信頼を集めるプロフェッショナル・ランニングコーチとして人気を博す。テレビやラジオでマラソン・駅伝・陸上競技中継の解説者としてもおなじみ。日本陸上競技連盟強化委員、NPO法人ニッポンランナーズ理事長。『金哲彦のランニング・メソッド』（高橋書店）、『3時間台で完走するマラソン まずはウォーキングから』（光文社）、『「体幹」ランニング』、『金哲彦のランニングダイアリー』（ともに講談社）など著書多数。

金《きん》 哲彦《てつひこ》のマラソン練習法《れんしゅうほう》がわかる本《ほん》

2009年１月19日　初版第１刷発行
2015年12月11日　初版第９刷発行

著　者　金《きん》 哲彦《てつひこ》
発行者　増田義和
発行所　実業之日本社
〒104-8233
東京都中央区京橋3-7-5京橋スクエア
☎03-3562-4041（編集）
☎03-3535-4441（販売）
実業之日本社ホームページ http://www.j-n.co.jp/
印刷所　大日本印刷（株）
製　本　（株）ブックアート

ISBN978-4-408-45203-6（趣味実用）